童年呵！

是梦中的真

是真中的梦

是回忆时含泪的微笑

——冰心《繁星·二》

中国名人堂

少年励志成长小说

灯塔守望者

邱伟坛◎著

——少年冰心

海峡出版发行集团 | 鹭江出版社
THE STRAITS PUBLISHING & DISTRIBUTING GROUP

2019年·厦门

推荐序（一）

"想不到"的收获

写这篇序，有几个"想不到"。

第一个"想不到"，作者的胆子这么大。我与伟坛小友仅数面之缘，看似拘谨的小伙子，突然写出一本书来请我写序，这是我想不到的。他是福建师范大学的学生，旁听过我的课，毕业后不久，到冰心文学馆工作。因我曾是冰心研究会的顾问，有幸参与冰心研究会和冰心文学馆组织的活动，他忙前忙后，偶有接触。我与冰心研究会、冰心文学馆创办人王炳根倒是老朋友，在冰心研究会成立后，还曾戏言，看过很多学术团体、机构的活动，通常有一个特点，成立之时就是灭亡之日。然而，冰心研究会、冰心文学馆让我收回了这句"戏言"！他们的活动与事业，时至今日仍有声有色，多姿多彩。

第二个"想不到"，这是第一本以冰心作为主角的少年励志成长小说。在我识文断句之初，喜欢冰心《繁星》《春水》中的轻柔或哲思。例如，她的小诗《春水·三三》可谓代表："墙角的花！/你孤芳自赏时，/天地便渺小了。"除了文字的洗练，还有

一点即兴的智慧。而在我读小学五六年级的时候，语文老师潘祖谨则常常把冰心的《寄小读者》成批地印发给我们，鼓励我们阅读文学作品。这些都令我记忆深刻。

冰心作为 20 世纪的"文坛祖母"，她的生活经历十分丰富。因此，有关她的传记作品颇多。只是，我没有见过以冰心作为原型或主角创作的小说——当然，以其他现代著名作家作为主角的小说同样不多。这本小说的出现，或许能为冰心作品的传播打开一扇全新的大门。

第三个"想不到"，是从这本小说里得到的收获。俗话说"开卷有益"，作为一本面向青少年的小说作品，它首先具有一定的可读性。小说选取少年冰心在福州生活的经历为背景，从冰心本人的回忆或者作品中获得灵感，以一个个相互串联的小故事，向读者展现冰心的成长历程。其次，或许是考虑到青少年读者的直观感受和阅读体验，小说的语言文字干净、整洁，优美、细腻。甚至标点符号，也力图规范、准确，比如文中引号的使用，都快让我产生审美疲劳了。

同时，小说对福州民俗风情的展现，也让我颇感兴趣。我的祖籍是福建长乐，跟冰心算是老乡，我们都是八闽儿女。但是，我少年时期不曾在福建生活，对福州的习俗也知之不详。没想到，从这本小说里，能够看到不少这方面的描写，也可算是蛮意外的"收获"。

福州人喜欢"三"，那我也仅写三个"想不到"吧。

自我与炳根熟识，参加冰心研究会、冰心文学馆活动以来，鲜立"寸功"，这次为序，好歹也算是为冰心事业做了点事情。

孙绍振

著名作家、评论家

2019 年 4 月

推荐序（二）

从"冰心玫瑰"说起

在 2000 年 9 月 28 日首届中国昆明国际花卉节上，来自法国巴黎的园艺师命名了一种新培育的玫瑰品种——"冰心玫瑰"。这是欧洲玫瑰家族第一次以中国作家的名字来命名一种玫瑰品种。

冰心一生爱花，尤其是爱玫瑰，她认为玫瑰既是一种很浓艳的花，又是一种很有风骨的花，所以特别喜欢。1999 年 2 月 28 日晚上，冰心在北京逝世。第二天，《文汇报》的记者采访我，采访到最后问我："请你用一句话来概括冰心的一生。"我当时想了一下，说了这样一句话："冰心的一生，如诗如画如玫瑰。"

冰心，是一位大家都知道、都熟悉的作家，在中国可以说是家喻户晓。著名作家张锲曾说："凡是有泉水的地方，凡是有炊烟的地方，凡是有机器轰鸣的地方，凡是有车船行驶的地方，就有人知道冰心的名字，就有人读过冰心的著作，就有人了解冰心的事迹。"同时，他又说，"冰心属于中国，属于全人类，但首先属于福建。"所以我们经常说，冰心是我们福建的骄傲。

现在手头的这本书，据我所知，是第一部以少年冰心作为主角的小说，描写的正是少年冰心在福州生活的故事。清晰的结构，有趣的故事，生动的语言，言之有据的经历，加上意味深长的呼应，构成了本书的特点。

小说从冰心11岁随父母由闽江乘船回到福州开始，到13岁又由闽江乘船前往北京结束，中间穿插关于上海、烟台的些许回忆。从结构上来说，该书以时间为叙述顺序，用紧密相连的故事情节和福州传统节日作为叙述脉络，既梳理了少年冰心成长的过程、性别认同的转变，又展现了福州当地的民俗风情，具备相当的可读性。

书中提到的关于冰心的许多故事，点点滴滴的经历，甚至是家庭生活中的种种对话，大都取材于冰心的作品或者冰心本人的回忆，都是真实可信的。作者是冰心研究的实践者，从所掌握的冰心作品和资料入手，将冰心的生活场景、生活片段、生活语言，交织融汇在短短的几万字当中，这是将文学研究成果转化为文学创作的有益尝试。

伏笔与呼应，是本书另一难能可贵之处。比如，开篇闽江和"灯塔守"的出现，呼应了结尾冰心"灯塔守"志向的形成，既展示了冰心在年龄上的成长，又意味着冰心在心理上的成熟。又如，冰心和

弟弟关于"水兵大将军"的调侃，冰心和李梅修的对话，前后形成暗处的呼应。此外，还有喜舅杨子玉之于革命，祖父谢銮恩之于家族中第一个读书的女孩子，父亲辞官之后到重新起用，甚至于李梅修的"女先生"志向、谢銮恩的"女翰林"期盼，这些与冰心后来成为一名教师的经历相呼应……类似的笔墨俯拾皆是，作者在创作中的用心，可见一斑。

冰心的"写字本"也是一个亮点。首先，它是真实存在的，冰心研究专家卓如女士曾经亲眼看到过这本由冰心亲手制作的毛边写字本。其次，里面的内容，就是冰心少年时期练笔的痕迹，还有一些简单的遣词造句。但是在作者的笔下，它成了展示冰心文学情怀和文学精神的舞台。这样的处理方式令人耳目一新。

读完这样一本小说，相信很多人会对冰心有更加直观而形象的认识。

我们知道，冰心的影响大，首先是她的作品。在中学生必读的一百本"新课标"名著里，冰心的作品就有《繁星》《春水》和《寄小读者》三本。其次，是冰心的"爱的哲学"。福建有一位著名学者曾说过，有两个人对他影响特别大，一个是鲁迅，另一个是冰心。他说："如果说鲁迅是我的精神之父的话，那么冰心就是我的精神之母。是冰心教给我爱，让我懂得爱大海、爱星星、爱花、爱草、爱动物，爱我们的祖国和人民。"此外，还有一个标志，就是冰心文学馆的建立，这是第一座为健在的作家建造的纪念馆，就在福建的长乐。

亲爱的读者，希望你看完这本书之后，能对冰心这位"文坛祖母"有更多的了解，能去找来她的作品静静地读一读，让文学成为滋养心灵的阳光和雨露。最后，也欢迎你到福州，到冰心文学馆走一走，走进冰心的故乡，走进冰心的文学情怀，走进冰心"爱"的世界！

王炳根

著名作家

2019 年 3 月

自　序

童年呵！
是梦中的真，
是真中的梦，
是回忆时含泪的微笑。

——《繁星·二》

亲爱的读者，在翻开这本书之前，你是否听说过"冰心"这个名字？是否知道"谢婉莹"这个人，读过她的作品，甚至看过关于她的传记？

是的，冰心原名谢婉莹，祖籍福建长乐。她1900年出生于福州，1999年在北京逝世，是中国20世纪杰出的文学大师，一位与20世纪同龄的"世纪老人"。

1992年，文坛泰斗巴金这样评价冰心：

思想不老的人永远年轻，冰心大姐就是这样的人，她写了将近一个世纪，今天还紧紧握住手中的那支笔。好几代的孩子读她的诗文，懂得爱世界、爱大海、爱星星。听她的话，年轻人讲"真话"写

"真话"，为国家为人民奉献赤诚的心。作为读者，我敬爱她；作为朋友，我为她感到自豪。

冰心的一生，著作等身。她创作了数百万字的文学作品，其中以《繁星》《春水》《笑》《寄小读者》等代表作为读者熟知。她以"母爱、童真、大自然"为三大主题，传递着"爱的哲学"，构筑了一个真善美的世界，被称为"文坛祖母"。她的《纸船——寄母亲》《观舞记》《谈生命》《忆读书》《雨后》《成功的花》等诸多作品入选国内以及海外华文地区的中小学课本，深受广大读者的尊重和喜爱。

冰心的作品和文学精神十分独特，她的作品洋溢着"爱"，洋溢着"真、善、美"！

这是一本描写少年冰心的小说，旨在向读者讲述少年冰心回到故乡时的一些经历和故事，其中大部分内容根据冰心先生的真实回忆或者文字记录来处理。

1911 年冬，冰心跟随父亲谢葆璋、母亲杨福慈，自烟台归来，途经上海，返回福州。1913 年秋，她又从福州北上，前往北京定居。在近两年的故乡生活中，冰心由一个父亲身边的"野孩子"，慢慢变成母亲怀里的小姑娘，并立下了要当"灯塔守"的志向。这是冰心除了出生以后的那七个月，唯一一段在故乡居住生活的岁月，个中有趣的故事就请你细细品味吧。

如果你喜欢这些故事，就请读一读冰心先生的作品，走进冰心的文学世界，感受她的文学精神，让我们的生活多一些文学的色彩，领略文字带给我们的魅力与情趣！

末了，是不是有读者要问："为什么我们称呼冰心为'先生'？"

在这里，"先生"是尊称，表示恭敬地称呼有较高学识与身份地位的人，称别人"先生"有向别人学习的意思，男士和女士都可以。另外，"先生"还可以指老师，而冰心先生对自己最为认同的身份就是一名老师，甚至比作家的身份更为认可。所以，我们一般称冰心为"先生"。

或许还有读者会问："冰心的笔名为什么叫'冰心'，是不是出自'洛阳亲友如相问，一片冰心在玉壶'？"

对此，冰心先生自己解释道："用冰心为笔名，一来是因为冰心两字，笔画简单好写，而且是莹字的含意；二来是我太胆小，怕人家笑话批评，冰心这两个字，是新的，人家看到的时候，不会想到这两个字和谢婉莹有什么关系。"

至于，是否与"一片冰心在玉壶"有关，或许你可以带着问号从冰心先生的作品中得到答案吧。

2019 年 3 月

目录

1

从烟台回到福州

11岁的谢婉莹和她的三个弟弟跟随父母亲从烟台途经上海，回到了他们的故乡——福州。这是她第一次回到自己的出生地。轮船行驶在碧绿的闽江上，她望着远处的罗星塔出神。

"呜～呜～呜～"一个清脆的童音模仿轮船汽笛的声音从甲板上传来，接着就是"笃笃笃"的奔跑声。"涵弟、涵弟，别乱跑，船上危险！"母亲杨福慈一脸焦急地召唤着五岁的谢为涵，因怀里还抱着

刚满周岁的谢为楫，便唤了一声"阿哥"①。

11岁的阿哥正望着远处，朦朦胧胧的水气中，影影绰绰的山峦苍翠可见，船正行在闽江之上。近处的闽江，水明如镜，倒映着两岸的房子和小山坡。船行过处，明净的"镜面"登时破开，仿佛冰裂碎了一般，一片片、一块块地闪亮着，反射出柔和的光线，向远处发散出去。水面上的山与房也轻微抖动着，鲜活了起来。最终，船下的浪一波接一波地涌向沙滩，拍打着岩石和桥墩，"哗——哗——"地带着响，又反弹回来。船行过后，浪头慢慢地缓了下来，江面也渐渐地恢复了宁静与纯净。

听到母亲喊，她才回过神来。母亲赶忙说："拉着你涵弟，别让他乱跑！"她下意识地皱了皱小鼻子，一把拦住跑过来的大弟谢为涵，轻声喝道："涵弟，站住！"谢为涵"啪"地站定，不再跑了。

她拉着弟弟的手，一起靠在栏杆边上，对他说："涵弟，安生些，不要到处乱跑。你没看杰弟都晕船了……"谢为涵"哼"了一声，接口道："哥哥，我才不会晕船呢！我是水兵大将军！"

"哈哈！"阿哥忍不住扑哧笑了，"还水兵大将军呢！你是水兵还是大将军啊？"谢为涵刷地脸红了，不敢再说话。说起来，他倒有些怕面前这位姐姐。

---

① 阿哥：小时候的冰心，父母亲叫她"阿哥"。

是的，这位姐姐，正是日后以"冰心"为笔名，并且享誉海内外的谢婉莹。只不过，从小就被父母亲叫"阿哥"，被弟弟们叫"哥哥"。看着老实下来的大弟，谢婉莹又抬起头望向轮船航行的方向，忍不住把大弟拥在身前，说："涵弟，你看，前面就是福州了。"她边说边将手指向前方。谢为涵顺着她手指的方向望去，却被栏杆挡个正着。他偏着头，回望了姐姐一眼，弱弱地问道："哥哥，我怎么都看不到啊？"谢婉莹这才发觉原来弟弟的个子矮了些，看不到她指的远处。她哈哈大笑了起来，前俯后仰地又是拍手又是拍大腿。

　　母亲被她的笑声吸引了过来，不由得说她："阿哥，女孩子家不要这么大大咧咧，一路上你爹爹是怎么跟你说的，都忘了吗？"谢婉莹忙强忍着笑，回应道："妈妈，我记得，爹爹说，回到福州住在大家庭里，不能再像个野孩子。"

　　刚刚安静下来的谢为涵，听到姐姐被数落，不由得幸灾乐祸起来，跟复读机一般念叨"哥哥是野孩子，哥哥是野孩子"。谢婉莹刚要发作，就听到父亲谢葆璋的声音从一旁喝道："涵弟！"谢为涵马上闭嘴，真不敢再说了。

　　父亲走了过来，姐弟俩齐刷刷地喊了声"爹爹"。父亲略为严厉地看了大弟一眼，说："涵弟，不能没大没小。"顽皮的谢为涵只顾着点头，连答话

都忘了。母亲怀里的谢为楫看见爸爸走过来，欢快地笑着，拍了拍手，又向前伸出去，嘴里发出"叭～叭"的声音，听着分明是在喊"爸爸"。谢葆璋见状，高兴地一把抱过幺弟，逗弄着说："幺弟，再叫一声。"果然如愿，他呵呵地笑了起来。

谢婉莹凑了过来，说："爹爹，幺弟是在叫'爸爸'，他会叫'爸爸'啦！"谢为涵连忙接着说："是啊是啊，我听着也是。"

母亲微笑着说："葆璋，今天是幺弟第一次叫'爸爸'。说来，这几个孩子就他说话最迟了。"谢为涵听了，瞪大了眼睛，问道："妈妈，那谁说话最早？是我吗？"

"是阿哥说话最早，"母亲说道，"六个来月就会叫'爸爸、妈妈'了。"大弟一脸崇拜地看着姐姐，说："哥哥，难怪舅舅一直说你聪明，原来这么早就会说话啦。"谢婉莹心里窃喜，面上倒是假装严肃地说："涵弟，你也很聪明啊，关键是要多看书。"

一旁的母亲一边接过父亲抱回来的幺弟，一边问起谢为杰晕船的情况来。父亲回答道："没什么大碍，就是晕船犯困，刚刚睡着了。"谢婉莹听到父亲说"晕船"，不由得挺了挺胸，吧嗒着眼睛看着父亲。

父亲果然望向她来，说："还是我们的阿哥最棒了，从来都不会晕船，坐多久也不会晕船。"谢婉莹连忙点了点头，说："爹爹，您说过，我是'海的女儿'。我怎么可能会晕船呀!"

父亲闻言,心底涌起了满足感,拉过女儿的手,说:"对啊,我们的阿哥不止不会晕船,要是个男生的话,一定是个好水手,好将官,开得了船舰,杀得了敌人。"

谢婉莹很认真地想了想,说:"爹爹,女生为什么就不能是水手,不能是将官?"父亲吃了一惊,看着女儿的眼睛,像是要望向她心底里去。母亲闻言,说:"阿哥,当兵打仗上阵杀敌那是男人的事情。古有花木兰替父从军,不也要女扮男装?"

谢婉莹有点不乐意了,应声道:"那《水浒传》里还有一丈青扈三娘、母大虫顾大嫂、母夜叉孙二娘三员女将呢?"谢葆璋夫妻二人对视一眼,竟一时无言。

这时,只听谢为涵突然兴奋地大叫着:"哥哥,哥哥,你看,塔、塔!"谢婉莹转过头来,看到从闽江遥望而去的山顶上,巍然耸立着一座高塔,隐隐能看清是八角尖塔。

谢葆璋向孩子们解释道:"那是罗星塔,也叫'中国塔',是我们的航标。外国人一看到这座塔,就知道到了中国,到了我们福州。"

罗星塔,对于谢婉莹来说,并不陌生。

她早已从父母亲的口中,知道罗星塔就在闽江下游三水汇合处的罗星山上,一直以来都是国际公认的航标,闽江门户的标志。早在明初的航海图中

就能找到罗星塔，并以罗星塔零点（罗零）为深度准面（海拔原点），是中国最早被公认的海拔标准。在此后的数百年中，从世界各地邮寄到福州的信函，只需写"中国塔（China Tower）"即可送达。

她还知道罗星塔塔高 30 米有余，分七层八角，每层都有拱门，可拾级而上，层层皆有石砌栏杆和泻水檐。檐角上方镇有八方佛，檐角下悬风铃，海风吹来，叮当作响，正是："舵楼风细听铃雨，月近家园渐觉圆"。

她也知道，现在行船所在的地方叫马尾，这里有福建船政学堂，有马尾造船厂。数十年前，这里爆发了中国历史上著名的"马江海战"，福建水师就此全军覆没，清廷才逐渐重视海军，也才有了父亲的海军生涯。她下意识地握紧了拳头。

这边，只听父亲继续说道："据《闽都记》的记载，罗星塔为宋代柳七娘所建，后经几番重建，才有了现在的模样。"他转头望向女儿，问道："阿哥，还记得罗星塔前有一副什么对联吗？"

听到父亲问她，谢婉莹接口便说："爹爹，你又来考我！当然记得，那副对联是：朝朝朝朝朝朝汐；长长长长长长消①。"谢为涵一边听着一边掰着指头

———————————

① 读作：朝_{zhāo}朝_{zhāo}潮_{cháo}，朝_{zhāo}潮_{cháo}朝_{zhāo}汐_{xī}；常_{cháng}常_{cháng}涨_{zhǎng}，常_{cháng}涨_{zhǎng}常_{cháng}消_{xiāo}。

跟着念，不料姐姐念太快，指头都掰不过来，直在那挠头。

父亲欣慰地笑着说道："早年，听说一次台风将塔顶吹走了。后来就在塔内嵌进一个巨大的铁球，用于镇守罗星塔。"谢为涵插嘴道："爹爹，这个塔好高啊，好多层，比烟台的塔还高。塔里住着人吗?""有的，"父亲接着说，"这罗星塔是海上的航标，所以塔里面有守护灯塔的人住着，让塔保持灯火通明，帮助航行的轮船辨别方向。"

谢婉莹一听，心底一动，说："爹爹，这跟烟台那里的灯塔守一样!"父亲笑了笑，说："阿哥说得没错，他们就是灯塔守。他们长年累月地忍受着孤独，是为了远航的亲人能找到回家的路。"

听着父亲的话语，谢婉莹转头仰望罗星塔，默念着"灯塔守"三个字。

我的父母都是福建人，但是我的一生中，只到福建去了一次，那是四十多年以前的事了，而且走的是水路。那时我从山东的渤海，走进福建的闽江，觉得江水实在比海水安静温柔得多!
——冰心《还乡杂记》

从烟台回到福州

幼女婉莹君捐款

回福州之前，谢婉莹在上海暂住了一个多月。正值辛亥革命在武昌打响第一枪，全国各地轰轰烈烈地爆发了革命。革命热潮中，谢婉莹深受鼓舞，将自己的全部零花钱捐了出来，贡献给革命事业。

1911 年，清朝宣统三年，也是清王朝的最后一年。

这年夏天，湘、鄂、粤、川等省爆发保路运动。随后，革命党人打响了武昌起义的第一枪。湖北军政府成立，黎元洪被推举为都督。之后短短两个月的时间里，湖南、广东等十五个省纷纷宣布独立。至此，辛亥革命的浪潮已席卷中华大地。

而谢葆璋，刚刚辞去清政府创办的烟台海军学堂校长职务，携妻子儿女一家乘船离开了一手创办的学校。

八年前，谢婉莹跟随父母亲来到烟台，那时她还是谢葆璋夫妇膝下的独女。现在她已有三个弟弟，家里热热闹闹的，倒也不觉得孤单。他们一家行经上海，因局势动荡，便在虹口小住了一个多月。

也就是在这一个多月里，武昌起义的枪声响起，革命浪潮从武汉传到了上海……

谢葆璋手里拿着一份《申报》，走进房间。谢婉莹一见，立马奔了过来，兴奋地问："爹爹，是今天的《申报》吗？给我看看，看看。"谢葆璋含笑点头，随手递给女儿。

摊开报纸，谢婉莹一眼就看到"武昌首义"四个大字，迎面扑来的是淡淡的墨香和还未褪去的油印，上面还能看到手用力抓过的痕迹。她想这份报纸肯定不只父亲这一位读者吧。

谢婉莹很认真地、一个字一个字地看，甚至舍不得漏掉任何一个细节。她越看越兴奋，脸上泛起了淡淡红晕，仿佛血气立刻要涌到脑门——真是激动啊！她怎么能不激动呢？这场轰轰烈烈的辛亥革命，是即将改变中国历史的大事件，她甚至也是其

中的一份子呢!

父亲虽然是清廷的海军将领,但是他进步开明,能够接受新生的事物,痛恨朝廷腐朽龌龊的做派,对革命抱着开放的态度。

每年夏天,谢婉莹的小舅舅杨子玉都会来烟台过暑假。他是母亲的叔父杨颂岩的儿子,母亲打小就在叔父家长大,跟杨子玉虽是堂亲,却如亲姐弟。此时,小舅舅还在唐山路矿学堂读书,因年纪小,就当起了小一辈的"孩子王",总是被缠着讲故事。他随身带着一个书箱子,却又不让人看,说里面都是大人们才能看的书,小孩子是不准看的。越是不让看,谢婉莹就越是好奇,找了个机会偷偷打开书箱子。一看,里面都是同盟会《天讨》一类的宣传小册子,讲的都是革命的道理。

再后来,谢婉莹慢慢意识到革命离自己是这么近。她的几个舅舅都是同盟会成员,经常从南方或者日本寄来宣传册子。家里的大人看过以后,又会想办法寄出去,将革命的种子传播出去。

烟台的冬天,北风呼啸,雪花飞舞。每当夜色降临,外面虽严寒料峭,他们家里却热火朝天。谢婉莹帮着母亲,将宣传册子仔仔细细地卷起,一份一份地塞到肉松筒里,又用红纸紧紧地封好筒口,装进写着地址的包裹里。开始的时候,她还会天真地问母亲:"妈妈,这些不是书吗?为什么写着肉松？"母亲看着聪慧的女儿，淡淡地笑了，把她拉到一旁，附耳轻语道："你不要说出去，知道吗？"谢婉莹若有所思，懂事而又认真地点点头。

第二天，她又帮着母亲将包裹一份一份地寄往各地。不久，家里又会收到各地的回信，信上不约而同地写着："肉松收到了，到底是家里做的，美味无比！"

这些在烟台经历的场景慢慢浮现在谢婉莹的脑海里，她怎能不兴奋！她也是革命大潮中的一朵小浪花啊！

这一天的报纸，刊登着从湖北武昌拍出的起义电报。电报字字铿锵有力，句句慷慨激昂，电报结尾豁然写着"黎元洪泣血叩"的字样。

这时，母亲也已放下手里的家务，看着报纸问道："葆璋，黎元洪就是你的那位同学吧？"谢葆璋下意识地一握拳头，点头称道："没错，正是他。"

谢婉莹闻言，赶忙追问父亲："爹爹，这是真的吗？"

父亲毫不讳言道："阿哥，黎元洪是湖北黄陂人，当年跟我是同班同学，只不过我学的是驾驶，他学的是管轮。"

说话间，旅馆外面传来阵阵嘈杂声。谢葆璋乘机说道："我在回来的路上听说，军政府和革命党人正在号召青年人去参军，倡导大家为革命捐款。捐

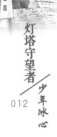
款的地方就在《申报》报馆，离这儿不远，我想说……"说到这，他望向一旁的妻子。

母亲哪能不知道他的心思，一面将报纸递回给他，一面说："葆璋，捐款的事情我们责无旁贷。"

得到了妻子的支持，谢葆璋立刻行动起来，进里屋准备了。不一会，他走了出来，手里拿着早已用纸包好的钱款。正要出门，母亲又叫住他："你等等，我还有些金银首饰，你也顺便拿去换了洋钱，一起捐了吧。"

谢婉莹一听，像是拿定了主意似的，跟着母亲一起进屋，也翻箱倒柜找了起来，嘴里喊着："爹爹，你等我一下，我要跟您去报馆。"

不多时，父女二人来到《申报》报馆。

这里早已人山人海，每个人的脸上都是红扑扑的。大家正在兴奋地谈论"武昌首义"，仿佛中华民族的未来就在眼前触手可及。

谢婉莹既兴奋又紧张，左右四顾，都是热血的青年，就她一个小姑娘。父亲一直拉着她的手，生怕她走丢了。

终于，他们排队到了捐款处。眼前是一位戴着眼镜的青年人，谢婉莹激动地冲着他说："你好，我要捐款。"青年人看到是个小姑娘，不由得笑了，说："小小年纪就懂得关心革命，我们的事业一定能成功！"

谢婉莹从口袋里掏出一包钱币，里面都是些几分几角的散钱。青年人又说："古人有诗云'百十钱穿彩线长，分来再枕自收藏'。这是你自己的压岁钱吗？"

　　谢婉莹倒是有点不好意思，以为他嫌钱太少，低着头说："这是我这几年的压岁钱，就这么多了。是不是太少了？"

　　青年人听了赶忙说："不少了，不少了，众人拾柴火焰高。再说，这些压岁钱是你的一片心意，心意最重要。"

　　青年人认认真真地帮谢婉莹登记好名字和钱款，为她写好收条。正要给出去，想了想，又拿了回来，在收条上，工工整整地补上一行小字："幼女谢婉莹君。"这才将收条递给她。

　　谢婉莹手里握着这张收条，心里油然生出一股热流，觉得革命真的就在身边，革命的成功也有了她的一份力量。她将收条仔仔细细地对折收好，藏在贴身的口袋里，与父亲一同回到旅馆。

　　母亲果然是最了解女儿的人，一看到她满脸欢快地回来，就说："我的女儿，你是不是把自己的压岁钱捐出去了？"谢婉莹用力地点了点头，说："妈妈，我把所有的压岁钱都捐了。您看，爹爹有一张收条，您有一张，我也有一张。"话音未落，她早已将收条取出，给母亲看。

母亲看着收条，轻声念着"幼女谢婉莹君"，之后郑重地说："阿哥，你长大了。"

谢婉莹听到"长大"二字，愣了一下，慢慢回味起来。她抬眼看了看母亲，看了看父亲，最后看了看屋里的三个弟弟，突然间像明白了什么。她不由得挺起了胸膛，将收条折叠起来，起身拿来自己的写字本——这是一本她自己装订的本子——郑重其事地将收条夹在本子里，最后整齐地叠放在她的书箱里。

做完这些，谢婉莹走到母亲面前，说："妈妈，我们家里现在有三张收条，我们家里有三个大人了，是吗？"

母亲被她认真的样子逗乐了，含笑说道："是啊，我的女儿，从现在开始，我们家里有三个大人了——你是那个小'大人'！"

父亲在一旁见状，忍不住接口道："是啊，我的小'大人'。不过，等这趟回到福州，住在大家庭里，不能再像野孩子似的，要有姑娘家的模样。"

"知道啦，爹爹！"谢婉莹有点不耐烦，又有些窘迫地说，"您都念叨十几次了，我的耳朵都听出老茧啦！"

父母二人相视而笑。父亲又说道："阿哥，你还记得依公①的样子吗？回去以后又可以见到他了，你小时候可是经常缠着他的呀！"

---

① 依公，福州方言，爷爷的意思。

依公的样子吗？谢婉莹努力回忆着小时候与爷爷在一起的画面，但终究只是些模糊的影子……

这时大家都纷纷捐款劳军，我记得我也把攒下的十块压岁钱，送到申报馆去捐献，收条的上款还写有"幼女谢婉莹君"字样。我把这张小小的收条，珍藏了好多年，现在，它当然也和如水的年光一同消逝了！

——冰心《我的童年》

3 福州城郊 "三把刀"

谢婉莹一家上了码头,片刻间便围绕在福州乡音亲情之中。她坐着轿子从闽江桥上往外看去,惊奇地发现福州农妇头上戴着"三把刀"。这给她留下了一生都难以忘怀的印象。

"呜～呜～"绵长的轮船汽笛声打断了谢婉莹的思绪。她这才发觉轮船已经到了闽江口,再往前就驶不进去了。抬眼望去,岸边停满了乌篷船和夹板船。谢葆璋招呼大家结伴移到夹板船上,改坐小船上岸。

不多时，他们就来到了大桥头，准备从小船上下来。桥头上人头攒动，不远处隐约可以看见轿子和车子，应该都是来接人的吧。

靠了岸，船上的帮佣们早已帮他们把行李搬到码头上，杨福慈抱着谢为楫，谢葆璋领着谢婉莹、谢为涵和谢为杰，一家人踏在了故乡的土地上。

谢婉莹正东张西望，这边早已围上来好些人，原来是她的伯父、堂兄们得到消息赶过来帮忙。一时间，"依哥""依弟""依嫂"的福州乡音此起彼伏，谢葆璋很是高兴，用福州话跟他们攀谈着，早把孩子们忘在一边。

怯生生跟在后面的谢为涵，悄悄用山东话问姐姐："哥哥，他们怎么都会说福州话呀？"因为在他们姐弟心里，福州话是最难懂、最难说的语言！早已习惯了山东话的谢婉莹，也想从大人的对话中听出点什么，却总听不出个所以然来。

谢为涵又悄悄地问："哥哥，我们是不是要坐轿子了？"但身为姐姐的谢婉莹也对此一无所知。

果然是坐轿子！孩子们都很新奇，在烟台经常骑马，倒是不常坐轿子。谢婉莹坐在轿子里，正经过闽江桥，她忍不住掀开帘子，往外看去。

福州城外，多山丘，尽水面，南门以外的闽江两岸又大多是沙洲，潮涨是江水，潮落是沙地。再看城里，河道纵横，舟楫畅行。居民外出，商贾往来，除了步行，多是渡船。现今倒是渐渐多了马车和人力车，到了拥挤的地方，坐车的人会用脚板踩着铃，叮当叮当作响。

谢婉莹心想："呀！福州可比烟台热闹多了！"

她再从闽江桥上望去，只见行人如织，川流不息，来来往往的人群中只见有许多健康俊美的农妇！她们皮肤白皙，乌黑的头发上插着三把刀刀般雪亮的银簪子，身上穿着青色的衣裤，赤着脚，袖口和裤腿都挽了起来，肩上挑的是菜筐、水桶，以及各种各样可以用肩膀挑起来的东西，健步如飞。

"爹爹，爹爹，"谢婉莹像是发现了新大陆一般，兴奋地喊着她的父亲，"那些阿姨头上插的是什么呀？怎么像是刀呢？"谢为涵也拍手附和着说："是啊，是啊，那不就是刀嘛！"

谢葆璋不禁莞尔，说道："你们说的是她们头上插的簪子呀！我们福州人就叫它'三把刀'。"

谢婉莹追问道："为什么叫'三把刀'？我们在其他地方都没见到过啊。"

谢葆璋应道："那其实就是三把银簪子。家乡故老相传，西汉时期的闽越国国君无诸，是越王勾践的后代，他的国家被汉王朝所灭。闽越国亡国之时，男人战死，女人被虏，有英勇不从的妇女就在头上插着小刀，用来防身自卫。慢慢地，这种风俗就流传下来，头上的簪子也被打磨成刀剑的样式，一直

流传至今。"

母亲在一旁忍不住插话道："我看倒未必。记得《晋书》上有记载，'妇人之饰有五兵佩'，跟这三条簪相类似。可见这刀剑样式的妆饰未必就是本地独有，说不准是从其他什么地方传过来的呢。"

"天啊！"谢婉莹不禁赞叹道，"妈妈看书真厉害呐！"谢葆璋也赞同道："你母亲看的书比我还多，记性又好。"

谢婉莹想了想，觉得哪里不对，又问："妈妈，怎么没有见过您的头上戴过'三把刀'呢？"

母亲回答道："阿哥，这三条簪是福州城郊下地劳作的妇女才有的装扮。别看福州城这么热闹，福州城外也都是些荒芜之地。男人们有的读书求学，有的来城中找工做事，有的远出谋生，家里留下来的劳力就都是这些妇女。她们既要操持家务、孝敬老人、照顾孩子，又要下地干活、种菜挑粪。每天啊，起早贪黑挑菜进城，走街串巷四处叫卖。回去以后呢，还要下地施肥，生火做饭，照看老老小小。这一天的辛苦劳累是我们不能想象的。所以呀，要腾出双手干活，头发就得绑紧扎牢，有三条簪插着，就不容易散开，这都是为了讨生活，不得已而为之啊。"

话说到此，母亲略为停顿，又说道："另外，她们有时候回家晚了，在荒郊野外如遇到坏人，头上的三条簪也可以用来防身。"

"三条簪。"谢婉莹在心里默念着。自此，福州农妇的形象在她心目中高大起来。

谢葆璋接着妻子的话，继续说道："你们的母亲是大家闺秀，识文断字，足不出户，是用不着这'三把刀'防身的，你也自然用不上了。但是，阿哥、涵弟，你们不要看不起她们，她们每一个人都是家里的顶梁柱，每一个人肩上挑的、扛的都是一个家庭的希望。"

谢婉莹看着父亲，说："爹爹，女儿明白。"谢为涵赶紧也应和着说："明白，明白"。

谢葆璋看着一点点长大的女儿，内心满是欣慰。他借机又问女儿："阿哥，你再认真看看，这些妇女跟我们在烟台看到的妇女，还有哪些不一样的地方呢？"

闻言，谢婉莹又观察起路上来往的"三把刀"们。看着她们健步如飞、干练洒脱的样子，谢婉莹懂了。她说："爹爹，她们没有裹小脚！烟台的阿姨虽然也干活，但是裹着小脚，经常是跪在田地里做事。这里的阿姨很有力气，走路走得很快，就是因为她们没有裹小脚。"

母亲点了点头，说："阿哥看得仔细，她们要整天劳作，裹了小脚怎么干活？像妈妈这样裹了脚，就只能做些手工针线，不能下地干活。"顿了顿，她

接着说:"在烟台,由着你爹惯着你,没有裹脚缠足。到了福州,不知道会被婆婶们说成什么样子?"

谢葆璋听了,略有些不悦,说道:"早年就有人提起阿哥要裹脚,要缠足,不然不像个女孩子。我已经说过阿哥怕疼,况且我是把她当儿子养,不裹就是不裹。连光绪帝都诏令各省劝导妇女不要缠足,何况现在革命成功在即,谁要是来说这事,我绝不答应!"

杨福慈看丈夫有点生气,也就不说话了。谢婉莹听了却高兴得不得了,拉着父亲的手,说道:"爹爹太好了,我最怕疼了。我是爹爹的好儿子,将来也要带兵打仗,像爹爹一样!"

"可惜,志向虽好,毕竟是个女孩子,带不了兵啊。"谢葆璋忍不住说道。谢为涵赶紧说:"爹爹,我是男孩子,我可以带兵打仗,我要当水兵大将军!"谢婉莹冲着弟弟翻了个白眼,说:"又是水兵大将军!"谢为涵一撇嘴,不再言语了。

他们正说话间,轿子停了下来。

到家了。

谢婉莹拉着大弟的手,跟在父母亲身后,下了轿子,站在一座大宅子前。宅子坐西朝东,四面高耸着风火墙。前门毗邻南后街,门头房豁然是一家店铺——万兴桶石店。

她忍不住问父亲:"爹爹,这里就是'福州城内南后街杨桥巷口万兴桶石店后'？"

父亲哑然失笑，说："应该是了。走吧，赶紧进去，别让你依公等急了。"话音未落，他便抬脚走了进去。

马上要见到祖父了，谢婉莹的耳边又响起父亲的叮嘱："回到福州住在大家庭里，不能再像野孩子似的，一切都要小心。对长辈们不能没大没小的。祖父是一家之主，尤其要尊敬……"虽然她在孩提时跟祖父生活了一段时间，可那时毕竟还小，现在无论如何也回忆不起祖父的模样。

身后的谢为涵悄悄问姐姐："哥哥，依公会不会很凶啊？"谢婉莹回了一句"胆小鬼"，兀自跟了进门。谢为涵只得跟紧。

在以后的几十年中，我也见到了日本、美国、英国、法国和苏联的农村妇女，觉得天下没有一个国家的农村妇女，能和我故乡的"三条簪"相比，在俊俏上，在勇健上，在打扮上，都差得太远了！

——冰心《故乡的风采》

4 谢家院子有对联

"福州城内南后街杨桥巷口万兴桶石店后"的谢家院子，是谢婉莹在福州的家。院子里里外外贴满了对联和书画。她一来到这里，便被这些字画吸引，欣喜地沉浸在传统文化中。

杨桥巷是福州三坊七巷中的一条巷子。三坊七巷始建于晋，完善于唐五代，到明清达到鼎盛，至今仍完整地保留着古老的坊巷格局，是中国都市仅存的一块"里坊制度活化石"。它以南后街为中轴，分为三个坊和七条巷。三坊是为衣锦坊、文儒坊、光禄坊，七巷是为杨桥巷、郎官巷、塔巷、黄巷、安民巷、宫巷、吉庇巷。

谢婉莹一家这次回来，没有回到她出生时租住过的隆普营。母亲总说起，那所祖父以前租来的房子里，院里有一个池子，发大水的时候，池子里的金鱼都游到屋子里。这些她自然没一点印象了。而现在这座宅子，她倒有几分熟悉。因为自从会写字起，父母亲就时常督促她给祖父写信，信封也要自己写。近几次的通信地址，就是"福州城内南后街杨桥巷口万兴桶石店后"。

话说这座宅子是谢銮恩刚刚买下来的，原先是黄花岗七十二烈士中的林觉民的家。

大概数个月前，也就是1911年4月27日，革命党人黄兴率130余名敢死队员直扑两广总督府，发动了中国同盟会的第十次武装起义——广州黄花岗起义。当时尚在日本留学的林觉民回国参加起义，但因消息走漏，起义失败，连同他在内的数十位勇士或战死，或被俘遇害。在狱中，林觉民留下了千古绝唱《与妻书》，慨然走上刑场，以鲜血铺就革命的道路。林觉民的岳父当时在广州做官，得知起义失败、林觉民赴死之后，派人连夜快马加鞭赶回福州报信。林家在悲痛之余，为避株连，便将房子变卖，躲进外围偏僻的早题巷中。当时，买下这座宅子的正是谢銮恩。

此时的谢銮恩在院内大厅上端坐着，众多叔伯、堂亲们分立两侧。谢婉莹偷偷望了一眼一家之主谢銮恩，他身穿深色长袍，搭着深色马褂，握着一把折扇，留着山羊胡子，面容清瘦，微微含笑，正看着孙女呢。谢婉莹赶忙低下头来。

在父母亲的引导下，姐弟几人向长辈们一一问安，跟同辈们相互见礼。这是个大家庭，除了谢葆璋一家之外，还有谢婉莹的两位伯父和一位叔父三家。单单堂哥、堂姐、堂弟、堂妹同辈便是一大群，一下子都没法把人认全。一时间，谢婉莹也慌了，叫了一声"依公"之后，其他就都叫不清了。

比如，福州话管"伯伯"叫"依伯"，这个还好说，"伯母"叫"依姆"，"叔叔"却是叫"嘎嘎"，"婶婶"叫"嘎叮"。姐弟几个山东话说惯了，舌头都捋不过来，急得直冒汗。看着他们窘迫的样子，几个小辈们都哄笑起来。

谢銮恩见状，拿着扇子掩嘴咳嗽了几声，大厅登时安静下来。只听得他说："莹官姐弟在外漂泊，福州话说不惯没有关系，谁也不许笑话他们。"小辈们赶紧应声说："是"。

谢婉莹却是呆了，因为分明听到祖父喊她"莹官"，让她依稀记起八年前在上海，祖父就是这么叫她的。恍然间，她心头一紧，鼻子一酸，眼里居然噙着眼泪。

谢銮恩又说道："三儿一家一路颠簸，赶紧安顿下来，大家都去帮忙。"说完这话，他向谢婉莹招了招手，说："莹官，快过来，让依公好好看看。依公有八年没看到莹官了！"

再也顾不得什么矜持，谢婉莹扑到祖父身旁，拉着他的袖子，又叫了一声"依公"。那眼里的泪啊，终于忍不住流了下来。祖父早已掏出手帕，帮她拭去眼泪，笑着说："莹官，莫哭莫哭。哎呀，你在上海的时候就是个小鼻涕虫，哭得大家都怕了你啦。"跟在姐姐后面跑过来的谢为涵一听，登时瞪大了眼睛，惊奇地说："哥哥，哥哥，原来你也爱哭啊！我们都爱哭。"谢婉莹连忙猛吸鼻子，又揉了揉眼睛，冲着弟弟翻个白眼，"哼"了一声，不理他。

回过头，她看着祖父，很认真地说："依公，我好想您啊。我给您写的信，您都看了吗？"谢銮恩颔首回道："看了，每一封都看了，莹官的字越来越好看。"

这边，祖孙说着话；那边，一大家子人早已帮着谢葆璋夫妇收拾去了。就这样，谢葆璋一家六口就在这座大院里住了下来。

话说，要住得下谢家这么多人，这座宅子自然是一座大院。院中，墙上的画倒没什么特别之处，无非是飞禽走兽、花鸟鱼虫、梅兰竹菊，让谢婉莹最为惊喜的，便是随处可见的对联与横幅了。这不，

乘着小跟屁虫谢为涵被支开，她拉着祖父在院子里逛，攀讲着这些对联。

对联都是用红纸写的，或行或楷或草或篆，苍劲有力。谢婉莹一看就知道都是祖父亲笔写的。大厅上的对联很长，一望到底，只记得上联末了是"江左风流推谢傅"，下联的末尾是"程门道学有先生"。她问一旁的祖父："依公，这一句'江左风流推谢傅'，我知道是指晋朝的谢安谢太傅；这下一句'程门道学有先生'又是指谁呢？"

祖父捻须笑道："这一句指的是北宋神宗年间的进士谢良佐，人称上蔡先生。他师从程颢、程颐两位先生，与游酢、吕大临、杨时并称'程门四先生'。"他略一停顿，又说，"这'程门四先生'中的杨时，是闽学鼻祖，还是你母亲的祖上……"①

谢婉莹这一通听下来，净是些古文古人，不免听得头大，也听不大进去，忙拉着祖父的袖子往别处逛去。四下走来，她居然记得不少对联，比如"立修齐志，存忠孝心""知足常乐，能忍则安"之类的，连"海阔天高气象，风光月霁襟怀""雷霆走精锐，风雪净聪明"等等也是过目不忘。

来到后厅，她一眼就看到正中的一幅老人画像，

---

① 冰心的母亲杨福慈是杨时的廿七代孙，杨时第四子杨适之后。

旁边写着两行字："难道五丝能续命，每逢佳节倍思亲"。她有些不解，便问祖父："依公，这幅画的是谁啊？"祖父笑容渐敛，正声道："莹官，这是你的曾祖父，磕个头吧。"谢婉莹连忙乖巧地上前磕头。起身之后，她又问："依公，这副对联什么意思？'每逢佳节倍思亲'这一联我懂，上一联呢？'五丝'是什么？"

祖父解释道："你曾祖父是五月初五端午节那天仙逝的。在端午节那天，按福州习俗，小孩子们的手腕上都要缠上五色丝线，叫作续命丝，祝愿长命百岁。所以，每到端午节，我看到孩子们手腕上的五色丝，就会想起你的曾祖父。他过世得早，这'五丝'真的能续命吗？"

谢婉莹倒是心细，眼见祖父有点不开心，忙又拉着他往外走。左边是西院，谢銮恩就住在这里，过道的一侧也有一副对联："君子才如不羁马，知君身是后凋松"。祖父看到这副对联，又笑了，指着说道："莹官，这副对联可是你外叔祖父杨颂岩亲笔题写的。上一联的'不羁马'说的是你父亲事业有成，德才兼备。你猜猜，下一联的'后凋松'指的是谁啊？"

在心里默念几遍，谢婉莹便有了主意，说："依公，您考不倒我，'后凋松'指的就是您嘛。"祖父很是开心，直夸她聪明。

家里的对联可真多啊！连走廊上都有，比如"兴寄东山兼北海，人非西蜀即南阳"。这副对联很有趣，嵌进"东南西北"四个方位词，同时又引用了许多典故。上联"兴寄东山兼北海"中的"东山"在浙江上虞，东晋谢安早年隐居于此，后常以东山寓指隐居。而三国时期的孔融以"座上客常满，樽中酒不空"为人称道，他曾任北海相，此处的"北海"即是指孔融。下联"人非西蜀即南阳"同样典出三国时代，诸葛亮《出师表》有云："臣本布衣，躬耕于南阳。"三国之蜀国地理位置靠西，也称"西蜀"。短短两句对联，让好学的谢婉莹端详了好半天呢。

因为右厢房给谢葆璋一家居住，所以祖父领着孙女到左厢房，那里是他住的房子。过了走廊，先是一堵开着窗户的短墙，两侧写着一副对联："蛟毫香篆壹帘，尘尾清樽叁径"。紧挨着的是一扇小门，门额上写着"绿萼"两字。

穿过小门，豁然看到"紫藤书屋"四个大字。谢婉莹一拍手，说："我知道，这一定是依公的书房。我能进去看看吗？"谢銮恩没想到孙女这么懂事，哪有不答应的道理，便领了她进屋。

书屋坐南朝北，前有小天井，与正厅前廊相通。屋内有三根柱子隔开三个贯通的小间，前后的柱子上贴着一副对联："学如逆水行舟，不进则退；心似平原走马，易放难收"。书屋的当中摆着几张桌椅，屋内三面是满满的书架。目之所及，是许多许多书籍整整齐齐地排满书架，引鼻一嗅，扑面而来的是淡淡的墨香。书屋的西侧单独隔开一个小书斋，跨过门槛，就看到书斋的墙上是几副大扇面，上面密密麻麻写着蝇头小楷。这是祖父将他的《道南祠花圃题咏》七绝十首一并写在扇面上。谢婉莹看到那么多字，偷偷吐了个小舌头，不去细看。

扇面下方是祖父的书桌，书桌上摆着他的座右铭，也是一副对联，上书："知足知不足，有为有弗为"。看着座右铭，谢銮恩对孙女解释道："有的东西，比如衣、食、住吧，即使简陋素朴一些，也应当'知足'；而对于知识学问和修身养性，就常常应当'知不足'。对于应当做的、有益于世道人心的事，就应当勇往直前地去做；而那些违背道义的事，就应当坚决不做。这是一个人对自己的起码要求。"这些话谢婉莹很是喜欢，一下便记在心里。

"你现在才十二岁，来日方长，可能一时半会还理解不了这些话的真正含义。但是你要永远记住这十个字，努力去做。"这时，祖父又说，"你要是想看书，以后可以到书斋来。但是，只能在书屋的椅子上读，读完后，也要规规矩矩地将书放好。"谢婉莹不住点头。

出了书屋，他们来到后花园。后花园的大门两

侧也有一副祖父手书的条幅："花花相对叶相当，红紫青蓝白绿黄"。后花园里，小径两旁，一边是十几盆青淡的兰花，一边是十几盆红艳的莲花。细看那些摆着兰花盆的长凳腿下，还放着四个盛满清水的碟子。谢婉莹问过祖父，才知道这是为了阻止蚂蚁顺着凳腿爬上去吸吮花露。她还惊奇地发现祖父剪兰花用的剪刀，居然是竹子做的，为的是不伤花茎。

对于小婉莹来说，她更喜欢的是莲花。在烟台时，父亲想养莲花，却总养不活，最后只好种些一般的花，如菊花、腊梅、美人蕉之类，还有桃、李、杏、苹果等果树。只要满院子五彩缤纷，他就很满意。现在看到这么多莲花，还是红莲，而且都是并蒂的，甚至还有三蒂、四蒂，她心里真是欢喜得很！

祖父像是想起什么似的，说："莹官，说起来，那年，我们院里最初开三蒂莲的时候，正好我们大家庭里添了你们三个姐妹。大家都欢喜，说是应了花瑞。"

谢婉莹扑闪着大眼睛问祖父："依公，什么叫'花瑞'？"祖父一愣，大笑起来，说："'花瑞'就是说，你是花神转世投胎，哈哈哈！"谢婉莹一听，不答应了，嘟着嘴说："依公乱说，哪有什么转世投胎？我又不是三岁小孩子了！"

不知不觉，天色暗了下来，祖孙俩便走回大厅，准备吃晚饭。谢銮恩边走边问孙女："莹官，你说，这院子里的对联，你最喜欢哪一副呢？"谢婉莹回想着刚刚看过的这些对联，有了答案："依公，我最喜欢的是林则徐老先生的那副对联：'海纳百川有容乃大'‘壁立千仞无欲则刚’。"谢銮恩一听，有些讶异，不禁追问："为什么呢？"

谢婉莹认真思考了一番，说："依公，我也不知道怎么说，反正就是觉得好像站在大海的边上，很开心，也很有力气。"祖父听了，若有所思，看着孙女的眼神越来越柔和，心底泛起了欣慰和满足。

这所房子，有好几个院子，但它不像北方的"四合院"的院子，只是在一排或一进屋子的前面，有一个长方形的"天井"，每个"天井"里都有一口井，这几乎是福州房子的特点。这所大房里，除了住人的以外，就是客室和书房。几乎所有的厅堂和客室、书房的柱子上墙壁上都贴着或挂着书画。

——冰心《我的故乡》

5 "这是我父母之乡"

> 安顿下来的谢婉莹，不由得比较起自己居住过的地方：烟台和福州，觉得各有各的特点。烟台是"蔚蓝的海"，福州是"碧绿的江"，她回到了"父母之乡"！

所谓人多力量大，刚一入夜，谢葆璋一家就都安顿妥当。

谢婉莹吃过晚饭，坐在新家的书房里，一点儿都不觉得累，反而感到一丝丝的兴奋，心底像有一群小蚂蚁一样穿来穿去。

里屋中，三个弟弟因为旅途劳累早已安静睡下，时不时传来大弟轻微的鼾声。而父母亲不知道因为什么事情，正在说着话。她侧耳细听了一阵，依稀听到母亲说起小舅舅杨子玉只身回到福州，参加光复福州的起义。家里人担心他的安危，让父亲托人去打听打听。

听着父母的谈话，她有些吃惊，也有些自豪。原来平日被他们叫作"喜舅"、爱逗弄小辈、好讲故事的小舅舅，居然是这么英勇的人！

是夜，谢婉莹翻来覆去怎么也睡不着，便打开自己的书箱子，从里面取出她的写字本。

这本写字本是在烟台的时候，她请老师教她做的。说是老师，其实就是她的舅舅杨子敬。

父亲筹办烟台海军学堂时，请杨子敬来协助做些文书工作，顺便兼任家塾的教师，教授家里的小辈们。

谢婉莹年纪最小，又很顽皮，父母亲商量了一下，也把她送到书斋去附读。所学的课本是商务印书馆出版的国文教科书，从"天地日月"学起。其实，课本上的字，谢婉莹早已在母亲的教导下学过。

当时，在家塾的书斋里，她只在一旁听课，舅舅对她没有什么要求。课上完了，几个堂兄、表兄们都在埋头抄抄写写，就她干坐着。这怎么可以呢？于是，她就央求舅舅也给她本子写字。

看她如此好学，杨子敬很高兴，当下取了一些毛边纸，教她怎么对折，怎么裁边。然后，一张张对齐摞在一起，拿了一张厚的牛皮纸，也裁成同样大小，作为封面。然后，舅舅又教她剪了小纸条，拧成纸钉子，在纸张一侧打孔，将纸钉子穿进去，打结装订。

谢婉莹学得很快，又有耐心，只学一次就把写字本做好。杨子敬提笔，在封面的左上角，用楷体写上"当归熟地"四个大字。在右下角，标上日期"孟冬正月初三"。如此，一本写字本算是大功告成。

按照舅舅的授课，开始的时候，她只是写一些单字，练习练习笔画笔顺，之后再写词语、词组，写熟悉了，才进入到短句和造句的阶段。一段时间以后，本子就不够写了，她又重新装订下一本。但是她舍不得舅舅用毛笔写的封面，便一直保存下来。

翻开现在这本本子，开头几页，是她造的几句短句：

尤无——游荡之士，无爱国之心；为官之人，尤无爱国之心。

更不——灭族之惨不忍闻，亡国之惨更不忍闻。

更非——为同族之奴隶非人所忍受，为异族之奴隶更非人所忍受。

但不——为社会担义务，虽觉可贵，但不可以此自夸。

必不——有修武备，则国必不弱。

皆有——好官皆有爱民之心，烈士皆有报国之心。

......

她的这些短句，实在不像是十岁孩童所思所写，更何况是一名女孩子呢？

再往后几页，是些短章。舅舅看她写的句子用语规范，逻辑得体，自成一格，便让她开始学着写小短章。但也不是随便写，都要有一个主题。像起初一篇，主题是"学然后知不足"。

谢婉莹在阅读中，看到"说部丛书"的书目，发现好多书自己都没看过。于是，她根据这一番感受，论说了不断学习才能知道自己的不足之处的道理。舅舅看她写得文从字顺，观点鲜明，非常高兴，特地在文末批了一行小字："赏小洋一角"，就是奖励她洋钱一角。谢婉莹喜出望外，拿了这一角又买书去了。

后面的小短章则越写越长，"赏小洋一角"的批注也越来越多。谢婉莹的书箱里的"成员"也越来越多，渐渐地都快放不下了。

谢婉莹翻看着写字本，心底渐渐也起了些自豪。她手里握着笔，想写点什么，却又不知道该写些什么。回想起从烟台一路还乡，父亲因对清廷不满而愤然离职，一家暂居上海时惊闻革命浪潮袭来，母

亲谈到小舅舅只身返回福州的担忧，路过闽江桥头看到福州农妇头上"三条簪"的新奇，还有祖父领着她攀讲对联时的咬文嚼字，一切皆历历在目。

她想写一写所谓的"革命"，却是只知道激动兴奋，仿佛第二天醒来就要换了个新的天地，变了个火红太阳，但是总说不出个所以然来。她又想写一写此次还乡回到福州的新奇见闻，又觉得心里想的太过杂乱，漫无头绪。

不期然，她竟有些怀念起烟台来。烟台有玩伴，有大马，有船舰，还有广阔的大海。福州呢？她就想到闽江，那碧绿碧绿的江水，比起天蓝天蓝的海水，这是自己从未见到过的。还有父母和亲人们谈话时的乡音，听着晦涩难懂，说着异常别扭，舌头都捋不直了——这就是我的故乡吗？

忽然间，谢婉莹心里一跳，灵感的影子转瞬即逝。她端坐起来，害怕这些句子悄悄溜走，赶忙提起笔来，在写字本上，一笔一画地写道：

清晓的江头，

白雾濛濛。

是江南天气，

雨儿来了——

我只知道有蔚蓝的海，

却原来还有碧绿的江，
这是我父母之乡！①

　　从寒冷枯黄的北方，回到柳暗花明山青水秀的福建，眼前一亮，"举头已觉千山绿"，它在我的心版上，登时深深地刻下了一幅极其绚丽鲜明的图画！何况在故乡还住着我童年记忆中的我的最敬爱的人。

　　　　——冰心《〈我的故乡〉自序》

---

　　①　选自冰心《繁星·一五六》。

6 "野"孩子逃过一劫

> 已经穿惯了男生长衫，心性自由自在的"野"孩子谢婉莹，在父亲的袒护下，总算不用裹小脚、扎耳洞，逃过了旧时代少女的苦难。可是，接下来，她却要穿回女孩子的服装啦！

这一夜，谢婉莹睡得可真香、真沉。

第二天，她照例一早就醒来，几个弟弟却都还在睡觉。相比于烟台的寒风刺骨，福州显得温暖舒适多了。她穿上一件灰色长袍，跑去向父母请安，父亲却未见踪影。用过早饭，"野"惯了的谢婉莹有些无所适从，不知道可以去哪里玩。

　　站在院子里，谢婉莹抬头透过天井，望着天空发呆，无聊地数着飘过的朵朵白云。这时，她分明听到有人轻声喊着："喂，喂。"原来，在走廊那头，有一个稍大点的姑娘领着两个小女孩，向她招着手，唤着她。她们都穿着或红或绿的衣裳。哦，好像是同住在谢家大院里的堂姐妹们。

　　谢婉莹赶忙迎着她们跑过去。年纪大点的姑娘主动拉着她的手说："我们知道你叫婉莹。我是婉珠，这里我最大。"随后，她介绍另外两个小女孩，"这是婉榕，这是婉聪。我们都是你堂姐，你是最小的呢。"婉莹默默记着三个堂姐的名字，一一向她们问好。

　　婉榕拉了拉婉莹的长袍，不由得说："哎呀，你怎么穿这种衣服？"婉莹脸上没来由地一红，应声说："这种衣服怎么了，我在烟台都是这样穿的。"

　　在烟台的时候，满眼都是当兵的、打仗的，儿时的玩伴也都是年龄比她大的姑表哥、舅表哥、姨表哥们。父母亲忙前忙后，为了带着她方便，也都由着她穿男生的长袍到处跑。仔细想来，谢婉莹唯一的女性玩伴，竟是父亲同事李毓丞的女儿李梅修。

　　毕竟是小孩天性，没说几句话，四个小姑娘就混熟了，由谢婉珠带着她们到院子里玩耍。

　　这边厢的谢婉莹沉浸在无忧无虑之中，那边厢

早起串门的母亲可就不怎么好受了。因为聚在一起攀讲的妯娌们，一来二去，话题全落在谢婉莹身上。

这个说，四妹①穿着长袍，像个男孩子，没个女孩子的正形；那个说，四妹怎么没裹小脚啊，要是赤个天足，不知会被街坊邻居怎么说道；还有的说，四妹年纪也不小了，是不是该刺个耳洞，挂个耳坠，戴个耳环什么的。总之，就是——这可真是个"野"孩子呦！

这些话，一个字一个字地敲在杨福慈心里，她只得不住地点头称是，说回头立刻跟婉莹她爹商量商量，改改她的这个野性子。饶是读了许多书，杨福慈也受不住唠哩唠叨的语言轰炸，找了个机会，说小孩子们都起床了，得赶紧回去照顾，逃也似的回到房中。

回到家中，杨福慈左思右想，还是从行李中翻出早已准备好的一双小鞋，准备等女儿回来，让她换上，权且做做样子。

不多时，谢葆璋回来了。原来他出去打听杨子玉的消息，所幸是个好消息，杨子玉参加了福州起义，得胜之后毫发无损，已经回了杨家。杨福慈听了，也安下心，便跟丈夫说起女儿的事情来。

谢葆璋有些不以为然，说："我们家阿哥天足怎

---

① 谢婉莹在姐妹中排行第四。

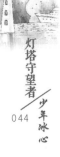

么了？打从光绪帝开始，就下令劝告不得让女孩子裹脚缠足。再说，咱阿哥，我是当儿子来养。她要是真是男娃，将来就是个带兵打仗的将才。"

杨福慈白了丈夫一眼，说："可她毕竟还是个女孩子。"

正说着话，谢婉莹一阵风似的跑了进来。

"看看你的脸，都晒'熟'了！一个女孩子这么'野'，大了怎么办？"杨福慈看到女儿回来，叫住她，一边说一边拿了鞋给她试脚。

父亲笑着接口说："你的孩子，大了还会野吗？"说完，又得意地笑了。母亲也笑了，实在是无可奈何。

谢婉莹看了鞋子，就皱眉头，鞋的样子分明就是照着裹脚模子做的。但是，没辙啊，试试看吧。一穿上去，实在是太紧了。她站起来，走了几步，假装崴了一下，发出夸张的叫声，一边一瘸一瘸地走，一边冲父亲撒娇说："爹爹，爹爹，鞋太小了。我脚疼，疼死了。"

父亲埋怨起母亲，说："你看吧，这鞋就是小。"母亲也生了气，把剪刀和纸裁的鞋样推到父亲面前，赌气说："你会做，就给她做，将来长出一对金刚腿，我也不管！"

"金刚腿好呀！"父亲真的接过剪刀和鞋样，应声道，"咱闽江的金刚腿可是天上的金刚穿了靴子在那洗脚呢。我们的女儿将来也是要做仙人的呀！"说话间，他装模作样，就要铰个鞋样出来。

母亲也被他逗乐了，一把夺过剪刀，说："行，行，你能耐。"她叹了口气，又道，"天足就天足吧。我吃过裹脚的苦，也不想孩子受折磨，装样子也不必了。"

谢婉莹一听，拍着手扑向母亲，抱在母亲身上。母亲拉着女儿站起来，上上下下打量着，想了想，说："但是，阿哥，你这身衣服是该换一换了。"

母亲又看了看女儿的耳朵，说："毕竟是女孩子，这耳朵还是穿个眼，打个洞，戴个耳环好看。"谢婉莹忙捂着自己的耳朵，说："不要，我怕疼。"

母亲乐了，说："阿哥不是要带兵打仗的吗？这一点点疼又算得了什么？"这下子，谢婉莹不言语了，求助地看向父亲。

父亲一皱眉头，信口说："你看，阿哥左耳垂后面有一颗聪明痣。万一把这颗痣扎穿了，她就变笨了。"谢婉莹叫道："爹爹，我有一颗聪明痣在耳朵后面吗？我怎么不知道？"

母亲"哼"了一声，说："你不知道，我自己生的女儿，我都不知道呢！"话没说完，一扭头，赌气不说话。父亲看向女儿，有点尴尬地笑了，女儿也心照不宣地呵呵直乐。

过了一会儿，母亲叹了口气，说："这个可以再说。但是，有一条当务之急，阿哥不能再穿男生的衣服了。"谢婉莹喊一声"爹爹"，也再不言语了。她好像也找不到拒绝的理由。父亲忙点头应和说："要的，要的。现在不是在烟台，回头就让阿哥穿女装，好歹要有个大家闺秀的样子。"

谢婉莹知道她终究还是女孩子，今天看着同龄姐妹们穿的衣服很好看，她多少也有些期待了。

我自己看不见我左耳垂后面的小黑痣，但是我至终没有扎上耳朵眼！不但此也，连紧鞋父亲也不让穿，有时我穿的鞋稍微紧了一点，我就故意在父亲面前一瘸瘸地走，父亲就埋怨母亲说："你又给她小鞋穿了！"

——冰心《童年杂忆》

"莹官"初到二三事

在堂姐妹们的帮助下，谢婉莹很快认同了自己的女孩身份，对女孩子的小玩意也入了迷，跟家乡的兄弟姐妹们玩在一起。不过，她最喜欢的还是围绕在祖父身旁，听听故事，看看书。

几天下来，谢婉莹和弟弟们就跟一班堂兄弟姐妹们打成一片。这是一个大家庭，谢葆璋和他的兄弟们虽然分房而住，但都在一个院子里，对孩子们而言，几乎没什么区别。而对于谢婉莹而言，这是有生以来，第一次和这么多姐妹们亲密接触。尤其

是三个年纪相仿的堂姐婉珠、婉榕、婉聪，待她特别亲切，天天围着她转，告诉她很多新鲜事。

其中二堂姐婉榕，与她最是要好。或许只是因为她的名字里面带了一个"榕"字，而谢婉莹最喜欢福州的绿。福州的榕树伟岸粗壮，墨绿墨绿的。在巨大的树干之外，它的繁枝一垂到地上就入土生根。走到一棵大榕树下，就像进入一片凉爽的丛林——她惊叹着福州这座"榕城"，而二堂姐的名字因着榕树的绿，更显得亲切了。

从小男装的她，被父母亲叫作"阿哥"的她，被弟弟们叫作"哥哥"的她，这回彻底恢复了女孩子的装束，叫回"婉莹"的本名和"四妹"的小名。她不再是烟台海边的"野孩子"，而要做一个"书香门第"的大家闺秀了。那个扎耳朵眼的事情，在父亲的祖护之下，也总算逃过一"劫"。

没几天工夫，谢婉莹就已经习惯了女孩子的打扮。姐妹们还教她怎么将头发梳成三股或五股的小辫子，用红头绳扎出各式的花样；教她怎么使用不同的头饰和发卡，装扮成美丽的姑娘；教她怎样调脂弄粉，然后对着镜子涂抹在脸上，增添俏丽；还教她说话和吃饭的时候，不能像男孩子一样，大大咧咧、狼吞虎咽，要樱桃小口细嚼慢咽；甚至偷偷地告诉她，女孩子要偶尔耍点小脾气，掉掉小眼泪，来让大人们心疼。渐渐地，她对这添香焚麝的生活，也起了惊异、入了迷。后来，她还喜欢上绣花，在那一方扎好绷紧的白布上，用五彩的丝线，绣出花鸟鱼虫来。或明艳，或淡雅，或清秀，无不令她爱不释手。

祖父谢銮恩倒还总叫她"莹官"，和她的堂兄们霖官、仪官一样，被当作男孩叫唤。不仅如此，她还有一项特权，就是能随意进出祖父的书房，翻看祖父的藏书。因为她从来没有翻乱过那些宝贝书籍，看完一本就原原本本地放回原处。这么一个爱书、爱读书的小姑娘，哪个长辈能不喜欢呢？

祖父的书房和他那满屋满架的书，成了谢婉莹的乐园。她一有空就去看书，更是什么书都看。她印象最深的是清代袁枚的笔记小说《子不语》，还有祖父的老友林纾先生翻译的线装法国名著《茶花女遗事》。特别是《茶花女遗事》，令她手不释卷，自此喜欢上"林译小说"，开始接触西方文学作品。

女生的名堂，祖父的书房，谢婉莹逐渐融入福州的生活，不再像烟台时那样一个人在外面疯跑。只是，当她偶尔看到墙上挂着的那把父亲送给她的明晃晃的佩刀时，仍会回忆起过去在海边自由自在无拘无束的生活，想起海军学堂里喧闹的士兵和威武的军舰，在内心深处，带兵打仗的孩时梦想隐隐地浮现。

这一天，她又到祖父的书房看书，看的是《黑

奴吁天录》。还没翻几页，一只跟她一般高的大黄狗跑了进来——这是祖父的狗，叫作金狮。除了她，也只有金狮能够在书房里独来独往。

几天工夫，谢婉莹早就跟金狮混熟了，也不怕它。金狮顽皮得很，伸出爪子想要扑到桌沿上来。谢婉莹怕金狮不小心抓到书本，赶忙躲开。这时，祖父也进来了，喝斥道："金狮，下来。"

大黄狗不敢乱动，趴到桌子下面去了。

谢婉莹起身，有点撒娇地说："依公，您看金狮又淘气了！"祖父一边将金狮引出书房，一边跟孙女说道："金狮小时候更淘气呢。它是我一位住在城外的老友送的。刚刚抱过来的时候，就那么点大，在我怀里扭来扭去的，一点儿都不听话，还要从那么远的地方抱回来。去接它的时候，想了想，要是放在地上走，又怕它认得原来的路，没几天就跑走了。于是，就叫了顶轿子，这才把它带回来。说起来，以前我出门都是走路，这可是这些年第二次做轿子，居然是沾它的光。"

"啊，您才坐过两次轿子吗？"谢婉莹有些不解，因祖父在道南祠开馆授课，在福州城中颇有名望，还有一个在外做了将官的儿子，来来往往结交的又是当地知名人士，像是思想家严复、翻译家林纾等等。何况他自己又是福州兴文会的会长，平常出行居然是走路，而不是坐轿子或者其他交通工具。

祖父点了点头说："这几年只坐了两次。还有一次，是因为那天下雨，我手里还捧着一部曲阜圣迹图。你想呀，我把圣人贤书夹在腋下，一手举着伞，一手提着长衫，然后火急火燎地赶路。那不是斯文扫地，成何体统啊？太不恭敬，太不恭敬了！"祖父一边说着，一边还在比画，逗得谢婉莹哈哈直乐。

笑了一阵子，谢婉莹问祖父："依公，您平常为什么不坐轿子呀？省钱吗？"

谢銮恩顿了顿，很认真地回答："莹官，这当然不是为了省路费。我是觉得被人抬着坐在轿子里，看到轿夫身上汗流浃背的样子，实在是有些不忍心。当然他们也是为了养家糊口，家里其他人坐轿子，我是从不干涉和反对的。只不过，有时候，有些人坐着轿子，看到我走路，要翻身停轿来跟我行礼，我也怪不好意思。所以，我现在出门得多看着点，远远地看到一些后生晚辈坐着轿子过来，我得赶紧转过身去，免得他们下轿来行礼麻烦。"

谢婉莹听着听着，对祖父愈发地敬重起来。他不忍看人受累，懂得为别人着想，是如此的真实又自然！

她正跟祖父说着话，父亲忽然来喊她回去。回到房间，父亲有些沉重地问她："阿哥，你还记得李梅修吗？"

谢婉莹回过神来，没有注意到父亲的表情，有些讶异地说："爹爹，梅修姐吗？当然记得啊。"话音刚落，她看到父亲手上拿着一封信，赶忙问道："我知道了，是不是梅修姐给我写信了？"

父亲一边将手中的信递给女儿，一边说："是李毓丞叔叔的信。他说你梅修姐生病了，没救回来。"

晴天霹雳！

谢婉莹一时惊得说不出话来，也忘了接过信去。好半晌，她才反应过来，赶紧拿了信看。信是李毓丞从上海寄来的，说李梅修生了重病，没有抢救过来，已经亡故了。

谢婉莹哭了，抱着父亲难过地哭了。泪眼蒙眬中，她想起当初在烟台的情形。

我也不能不感谢这个转变！十岁以前的训练，若再继续下去，我就很容易变成一个男性的女人，心理也许就不会健全。因着这个转变，我才渐渐地从父亲身边走到母亲的怀里，而开始我的少女时期了。

——冰心《我的童年》

烟台的海与女伴

一封来自上海的信，勾起了谢婉莹对烟台的回忆，勾起了她对儿时女伴的思念。可是，这位想当"女先生"的玩伴却因为生病不幸去世了，她无比伤心。

　　一个夏天的黄昏，父亲下了班带着谢婉莹到烟台的海边散步。走到沙滩边上，父女俩面海而坐，夕阳在他们身后慢慢落下，天边的红霞绚丽夺目，对面的海平面上好像有一抹浓云，其实那是芝罘岛。岛上的灯塔一闪一闪地，发出强光。

父亲一反常态，只是默默地坐着，目视着海面。女儿挨过去用头顶着他的手臂说："爹爹，你说这小岛上的灯塔是不是很好看呀？烟台海边就是美，不是吗？"这些都是父亲平时常说的话，她想以此来引起父亲的注意。

不料，父亲却摇着头，深吸口气慨叹地说："中国北方海岸好看的港湾多的是，何止一个烟台？你没有去过而已。"说话间，他用手拂弄着身旁的沙子，接着说，"比如威海卫、大连湾、青岛，都是很美的……"

女儿有点兴奋起来，说："爹爹，你什么时候也带我去看一看吧。"父亲站起身来，拣起一块卵石，扬起手，狠狠地向海浪上扔去，接着说："现在我不愿意去！你知道，那些港口现在都被占领了，威海卫被英国人占了，大连被日本人占了，青岛被德国人占了，只有烟台是我们的，我们中国人自己唯一的一个不冻港！"

女儿有些吓到了——父亲从未如此激愤。开明而儒雅的父亲在她面前总是一副温和的样子。此时的谢葆璋似乎把女儿当成一个大人，一个平等谈话的对象，在这海天辽阔四顾无人的地方，倾吐出他心里郁积的话。

谢葆璋说："为什么我们把海军学校建设在这海边偏僻的山窝里？我们是被挤到这里来的啊。将来我们要夺回威海、大连、青岛，非得有强大的海军不可。现在大家争的是海上霸权啊！"

他又谈到他参加过的中日甲午海战：开战那一天，他身旁的战友，也是他的堂侄，就被敌人的炮弹打穿了腹部……

"这仇不报是不行的！"谢葆璋看着女儿说，"我在巡洋舰上的时候，常常到外国去访问。我觉得到哪里都抬不起头来！你不到外国，不知道中国的可爱，离中国越远，就对她越亲……"

这段长长的谈话，令谢婉莹永生难忘。特别是"烟台是我们的"这一句，她记得最牢。印象最深是"我们"二字，包含的是千千万万中华儿女！

而这片宁静的海边，成了她小时候的"舞台"。她在台上唱着独角戏：

有时在徘徊独白，有时在抱膝沉思。我张着惊奇探讨的眼睛，注视着一切。在清晨，我看见金盆似的朝日，从深黑色、浅灰色、鱼肚白色的云层里，忽然涌了上来；这时，太空轰鸣，浓金泼满了海面，染透了诸天。渐渐地，声音平静下去了，天边漾出一缕淡淡的白烟，看见桅顶了，看见船身了，又是哪里的海客，来拜访我们北山下小小的城市了。在黄昏，我看见银盘似的月亮，颤巍巍地捧出了水平，海面变成一道道一层层的，由浓墨而银灰，渐渐地漾成闪烁光明的一片。淡墨色的渔帆，一翘连着一

翅，慢慢地移了过去，船尾上闪着橘红色的灯光……这时我的心就狂跳起来了，我的嘴里模拟着悍勇的呼号，两手紧握得出了热汗，身子紧张得从沙滩上站了起来……风晨，月夕，雪地，星空，像万花筒一般，瞬息千变；和这些景色相配合的我的幻想活动，也像一出出不同的戏剧，日夜不停地在上演着。但是每一出戏都是在同一的，以高山大海为背景的舞台上演出的。这个舞台，绝顶静寂，无边辽阔，我既是演员，又是剧作者。我虽然单身独自，我却感到无限的欢畅与自由。①

属于谢婉莹一个人的海边舞台，终于迎来了她的第一位女性玩伴。

跟随谢葆璋一同到烟台的还有好些来自福建的乡亲。谢葆璋便跟大家合着开了一间家塾，让大大小小的后辈们能够读书学习。

一天，家塾里正要上课，老师从门外领进来一位女同学，原来是父亲同事李毓丞先生的女儿，名叫李梅修，比谢婉莹大两岁。

刚来的女同学，一身清爽的青衣长裙，文文静静，在老师身旁有些羞涩地低着头。老师把她安排在谢婉莹身旁坐着，两张书桌挨在一起，谢婉莹甭提有多高兴了——家塾里的其他同学都是大她五六

----

① 　选自冰心《海恋》。

岁的男生，这下子有了一个年龄相仿的玩伴，而且还是个女孩儿。

刚一下课，谢婉莹便拉着李梅修到自己的海边小天地玩耍。她告诉李梅修什么是"赶海"，教她在沙滩上捡卵石、拾贝壳，认识"瓦楼""鼻脐""海锥儿""花蛤"等等各式各样的小东西；李梅修呢，就教她玩起女孩儿最喜欢的"过家家"，把沙滩上的小石子、小贝壳，当成米饭、青菜、水果等食物，搭配着煎、炒、炸、煮、炖、煲，然后摆出漂亮的样子，煞有介事地吃吃喝喝。

谢婉莹第一次接触到这么有趣的女孩子的游戏，再加上李梅修是个小姐姐，经常偷偷藏了几颗小糖小饼什么的带给她吃。谢婉莹一下子就被这位小姐姐"俘虏"了！

除了海边的沙滩，谢婉莹寄居的楼房上那条小长廊也成了两个小姐妹约会的固定场所。

从长廊往远处望去，"右边是一座屏障似的连绵不断的南山，左边是一带围抱过来的丘陵，土坡上是一层一层的麦地，前面是平坦无际的淡黄的沙滩"。在沙滩与楼房之间，"有一簇依山上下高低不齐的农舍，亲热地偎倚成一个小小的村落。在广阔的沙滩前面，就是那片大海！这大海横亘南北，布满东方的天边，天边有几笔淡墨画成的海岛，那就

是芝罘岛，岛上有一座灯塔"。①

她们躲到这里，一来可以免受那些男孩儿的吵闹和干扰，二来可以赏玩海景和海军学校的园景，更何况楼房下面是有客厅和书斋的五彩缤纷的大院子。因为谢葆璋平常喜欢栽树种花，这院子里种有许多果树和各式各样的花。花畦还是谢葆璋自己画的种种几何形状的图案，花径则是从海滩上挑来的大卵石铺成的。她们每天清晨和傍晚放学之后，就喜欢一起到这里玩耍。

这天，小姐妹嬉笑玩闹一阵子，都有些累了，两人一起靠在廊边，看着远处的海景，说着贴心的话。

李梅修看着总是穿一身长袍的谢婉莹，问道："莹妹妹，你怎么老是穿这种男生的衣服啊？"

谢婉莹扑闪着大眼睛，反问道："梅修姐，不行吗？"

李梅修一时语塞，也说不出这么穿有什么问题，嘟囔着说："总之，女孩子要有女孩子的样子，我看着怪怪的。"

谢婉莹接口说："我才不管呢，穿着裙子都跑不起来。妈妈让我穿裙子，一跑起来，裙子全飞起来。爬树的时候，会挂住裙子。到了海边，还不能踩水，

---

① 选自冰心《海恋》。

多不好玩。我才不穿呢！"李梅修忍不住咯咯直笑，说："谁像你这么疯跑的。"

过了一会儿，轮到谢婉莹问李梅修："梅修姐，你长大以后，要做什么呀？"李梅修实在是愣住了，因为她从来没想过长大以后的事情，便直摇头，又反问道："莹妹妹，你呢？你长大想做什么？让我猜一猜——老师总说你聪明，你不是长大想做先生吧？不对，好像也没有女先生呀！"

这下子，谢婉莹也跟着笑了，说："才不是呢，我不做女先生，要做就做水兵大将军。"李梅修乐了，说："什么水兵大将军？到底是水兵，还是大将军啊？"

谢婉莹被问得面红耳赤，窘得想找个地缝钻进去，忙改口说："不是，不是，我说错了。我要先做水兵，然后再做大将军。"

笑了一阵，李梅修有些好奇地问："为什么呀？女孩子是不能带兵打仗的。"

谢婉莹站起身来，学着父亲的样子，走了两步，说："我不管，我想跟爹爹一样，带兵打仗，保家卫国——可威风了！"说着，她还凑到李梅修的耳朵边，偷偷地说，"梅修姐，我现在就有一套水兵的衣服，哪天我偷偷穿来给你看。"说起水兵样式的衣服，这是谢葆璋送给女儿的礼物。她可是一直舍不得穿出来，宝贝得不行，整整齐齐地叠在衣柜里，

偶尔穿出来走一圈，又整整齐齐地放回去。

李梅修不由得冲她竖起大拇指，说："莹妹妹，你真棒！要是打仗，你一定不比那些臭男生差。"

谢婉莹有些得意，忍不住再问："梅修姐，你到底有没有想过长大以后要做什么呀？"说完，她定定地看着这位大两岁的小姐姐，一副不问出结果不罢休的样子。

李梅修仰着头，认真地想了想，随后有些不好意思地说："我想跟咱们老师一样，会写文章、做对子，当个……当个女先生。"

问出了结果，谢婉莹倒是觉得没趣了，说："当先生啊，没意思。"李梅修耐心地解释："会写文章，就可以在书上留下名字呀。当先生呢，可以教学生学知识懂道理，大家都会尊敬你。"谢婉莹听不大懂，心思早飞到远处的海边。

末了，李梅修不忘叮嘱她说："这是我们俩之间的秘密，千万千万不能说出去。"

后来，李梅修跟着父亲去了上海，她们就再也没有见过面，即使前几个月谢婉莹在上海也没有机会碰面。没想到，再一次得到消息，居然已经阴阳两隔，谢婉莹哭得眼睛都肿了。

入夜，她含着泪写了一篇《祭亡友李梅修文》，用信封装好，让父亲第二天帮忙寄去上海。躺在床上，她怎么也睡不着，干脆起来，又坐在书桌前，摊开写字本，想写点什么。

这一刻的谢婉莹，仿佛一天之间长大了许多。她想起李梅修与她的种种过往，想起她们姐妹间的亲密言语。终于，她写下了几句话：

生离——
　　是朦胧的月日；
死别——
　　是憔悴的落花。①

你的心灵曾否走失于空山荒野之中，风吹雨打，四顾茫茫，忽然有你的朋友，开启了"同情"的柴扉，延请你进入他"爱"的茅庐，卸去你劳苦的蓑衣，拭去你脸上的泪雨，而把你推坐在"友情"的温暖炉火之前。

——冰心《再寄小读者·通讯二》

---

① 选自冰心《繁星·二二》。

9 欢天喜地迎新年

到福州不久后，就迎来了新年。谢婉莹在这个大家庭中，第一次迎来如此热闹的新年，叠"元宝"、放鞭炮和烟花、喝虾米芥菜粥，好多好多的事物都令她感到新奇。

好在，悲伤只是暂时的。在故乡姐妹们的相伴下，日子过得很快，转眼间就要过年了。

过年，对于福州人来说，叫"做年"。据说，有四种说法：其一，指初一、初二、初三；其二，从农历十二月初一"筅堂"开始，到二月二"龙抬头",这两个多月都在"年"的概念里,即"年暝兜";其三,从农历十二月十六日的"尾牙"开始,一直到正月二十九(拗九节)都算过年,历时45天;其四,从农历十二月二十四祭灶到拗九节。

谢婉莹是不大理会这些的,只是发现院子里突然热闹了起来。临近春节,在外读书或者工作的堂哥们陆陆续续回来了。这其中有一位叫谢为霖的,年纪最大,是大伯父的儿子。这位堂哥,谢婉莹印象极深。原来在她三岁的时候,他到上海报考邮政学校,就住在谢婉莹家里。平日无事,常常带着小妹妹玩,还教她英语单词。

这次回来,谢为霖很是高兴,逢人便夸这个小妹妹聪明。说当年她才三岁,英语单词学得快,发音又准,拿起玩具马就叫出来"horse",换成玩具羊,就回答"sheep",指着桌子,不假思索就喊出"table"。

谢婉莹被他夸得都有点忘乎所以了,连着几天都缠在大哥的身边转悠,自然而然地就混到了堂兄弟们的队伍里去,仿佛一下子回到烟台时的野孩子模样。一众堂兄弟们见她的性子纯真爽直,没有女孩子的娇里娇气,讲话又常常出口成章,便都不排斥她。

转眼间,从农历十二月二十三日开始,大院里就忙忙碌碌起来,都在为过年准备着。

最先，是叠"元宝"，把金银纸箔叠好，吹得鼓鼓的、像元宝的样子，用绳子穿成一串一串的，准备在供神祭祖的时候烧；然后，大人们就忙着打扫，用很长的掸子将屋角的蛛网和尘土，都扫除干净；接着，他们擦亮家里一切铜器，如烛台、香炉，以及柜子、箱子上的铜锁等；最后，还得在大门上贴上崭新的鲜红的春联，这个工作是祖父谢銮恩的专属，他会用大红纸裁出一张张的条幅，写上"元旦开笔，新春大吉"等吉利话。随着年关越来越近，大人们就越来越忙，蒸年糕、宰鸡鸭、购年货，忙着准备各种食物和全家的新衣等等。

这些当然就没有孩子们什么事了。谢婉莹第一次在福州过春节，慢慢地也接受了女孩子的装扮，期盼着能穿上漂亮的新衣服。不过，她现在最高兴的事情，还是跟着父亲上街买乐器，就像之前在烟台一样。

别看谢葆璋是个海军将领，他论起乐器来也头头是道，一个人几乎可以组一个乐队了。他带着女儿在街上买齐了一套吹打乐器，锣、鼓、箫、笛、二胡、月琴……应有尽有，然后带着一群男性小辈们，在院子里排练，弹奏起来七音八响的，热闹极了。

过年，对于谢婉莹这些孩子而言，最高兴的还是"吃"。院子里的小伙伴们从各自的外婆家得到最

多的是灶糖、灶饼，其实也就是一盒一盒甜甜的糖果和点心。据说，这是祭灶王爷用的，糖果和点心都要做得很甜也很黏，为的是把灶王的嘴糊上，使得他上天汇报时不会说这家人的坏话！

除了吃，再有就是放鞭炮和烟花了。福州人过年爱放鞭炮，城里无时无刻不是此起彼伏的鞭炮声。白天的院子里，是胆子大点的男孩子的天下，一颗一颗拿在手上点燃，然后马上丢出去，直把女孩们吓得尖叫连连；有时候，这样放还不过瘾，还非得一串一串地提在手上放，有调皮点的还故意大呼小叫地喊着，就是比谁的胆子更大。

这些游戏，谢婉莹当然是拒绝的。只有到了晚上，女孩子们才有玩乐的兴致，因为可以放烟花了呀！长辈们买了各式各样的烟花，大的是一筒一筒地放在地上放，点燃起来，火树银花，璀璨得很！这时候的谢婉莹就显出女孩子的一面了，她最喜欢的还是一种最小、最简单的"滴滴金"。那是一条小纸捻，卷着一点火药，可以拿在手里点起来，嗞嗞地响，爆出点点火星，然后可以挥舞着设计成想象的图案，比如写个字、画个圈。

这样的热闹，在她以往的新年里是未曾有的，这种新鲜感，让她不由得盼着除夕和春节的到来。

除夕这天夜里，母亲给大家做了虾米芥菜粥。孩子们都觉得很奇怪，纷纷问为什么要吃这个呢？

母亲就给他们讲起故事来：古时有一对夫妻，丈夫是个穷秀才，大年三十晚上家里没有鸡鸭鱼肉，妻子就煮了虾米芥菜粥。他们在吃粥的时候，苦中作乐，挑出虾米中偶尔出现的小鱼、小蟹给对方，互相说"你吃一条鱼""你也吃一只蟹"。后来，新年里穷秀才就考中了状元。

最后，母亲说每个人都要吃一碗，以后才会中状元。

这天还要守岁，父母亲自然不会催孩子们早睡。这几天被谢为霖夸得飘飘然的谢婉莹，装模作样地摆出写字本，练了几下字，想要写几句话，却兴奋得一句也写不出来，后来想起母亲刚刚教过的福州民谣《十二月果子》，忙记了下来：

> 正月瓜子众人嗑，
> 二月甘蔗甜兮兮。
> 三月枇杷出好世，
> 四月朱红摆满街。
> 五月绛桃红又红，
> 六月荔枝挂灯笼。
> 七月石榴会结子，
> 八月龙眼脚溜人。
> 九月柿子圆又甜，
> 十月橄榄卖人钱。

十一月尾梨赶祭灶，

十二月福橘中做年。

写着写着，她迷迷糊糊睡着了。

当大人们让我们把许多玩够了的灯笼，放在一起烧了之后，说："从明天起，好好收收心上学去吧。"我们默默地听着，看着天井里那些灯笼的星星余烬，恋恋不舍地带着一种说不出的惆怅寂寞之感。上床睡觉的时候，这一夜的滋味真不好过！

——冰心《童年的春节》

10 "两栖动物"偶为之

春节的时候，谢家院子里住进了十几个大大小小的堂兄弟表姐妹们。略带男孩子性格的谢婉莹在性别不同的两个群体间，自由自在地来回穿梭，传递信息，乐此不疲，宛如"两栖动物"一般。

第二天一早，向来自律的谢婉莹被震天作响的鞭炮声吵醒了。一骨碌爬起来，发现父母亲早已经帮他们把新衣服准备好了。穿戴完毕，见面第一句就是互相说着"新年好！恭喜发财！"之类的吉利话。等所有人都醒来后，父亲便召集大家一起，开

了房门，焚香鸣炮，喜迎新年。

放完鞭炮，母亲将准备好的早餐——太平面端上来，这是由线面、鸡肉、鸭蛋等做成的小吃。因为福州话"鸡"的发音似"系""羁"，"鸭蛋"发音似"压浪"，谐音寓示新年里福寿绵长、太平如意。按着父母亲的意思，大家还吃了"隔年饭"，叫作"岁饭"，平时也叫作"炊甑饭"，这是讨个"年年有余"的吉利兆头。吃过早饭，父亲带着一家大小，到厅堂上给祖父拜年。

谢葆璋有一个姐姐、四个兄弟。这五个小家庭逢年过节便都有独自或共同的亲戚，各种应酬来往。但是在大年初一这一天，所有人都要早早来到大厅，给谢銮恩鞠躬拜年。

按照辈分大小和先来后到的顺序，在大厅走廊上站着一大群等着给祖父鞠躬的亲人，浩浩荡荡几十号人。一向天不怕地不怕的谢婉莹，反而有些拘谨起来，因为她怕认不清这么多亲戚，喊错人。

谢銮恩端坐在大厅中间的椅子上，旁边的桌上放着一大叠包着压岁钱的红纸包。谢婉莹这才发现，这大厅里大大小小的堂兄弟表姐妹怎么说也有十来个，还不算"一表三千里"的那些还在路上赶来的远房亲戚。说起来，她早就眼馋过年的压岁钱了。因为她刚刚为了革命，捐了自己多年积攒下来的钱，还想借这次过年的压岁钱去买心爱的书呢！

祖父给的红纸包里，其实也只是一两角的新银币。但家里的长辈多，还有各自外婆家的亲戚给的压岁钱。这个年过下来，往往也能有个好几块。谢婉莹真真切切地感受到大家庭的好处。

　　福州的习俗，初一除了给年长的一家之主拜年之外，是很少出门的。于是，这些堂兄弟表姐妹们就暂时在大院里小住下来。这下子，可热闹了。

　　堂表姐妹们，都住在伯父、叔父们住的东院。这些大小姑娘们，除了偶尔在后花园里帮祖父修整浇灌些花草之外，就是聚在一起谈着怎么绣花，现在市面上流行擦什么脂粉，又怎样梳三股或五股辫子……小婉莹跟在她们后面，有一阵没一阵地学着，怎样在扎红头绳时，扎上一圈再挑起几绺头发来再扎上一圈。这样就会在长长的一段红头绳上，呈现出"寿"字或"喜"字的花样。在经历了几次失败之后，她总算是学会了——她第一次觉得自己也属于女孩子里面心灵手巧的一员。

　　而那些堂表兄弟们呢，则是在西院客厅一带聚集。他们从谢葆璋那里借来吹打乐器，似懂非懂地在那吹拉弹唱，叮咚作响。不过没几下，就换了花样，改成下棋作"诗"了。谢婉莹虽然换上了新的女装，却还有一股野孩子的气息。加上谢为霖把她夸得跟文曲星下凡似的，因此比起女孩子那边，她更喜欢钻到男生这边凑热闹。祖父和父母也知道她

［两栖动物］偶为之

的性子，都不大管她，任她在大院子里疯跑。于是，她就像两栖动物一样，穿行于这不同性别的人群之间。堂兄弟们大多比小婉莹大个几岁，都不拿她当回事，就让她当个"跟屁虫"，凡事都不拒绝她，也不避着她，后来还欢迎她。因为他们发现，这个半大孩子可以帮他们传书递简。

这是这群小伙子们之间不算秘密的"秘密"。西院这边是血气方刚的年纪，东院那里是青春年少的妙龄，来来往往进进出出，总有某一个表兄或堂兄费尽心思写一封信或者一张纸条，要给某一个表姐或者堂姐。这一封信或者一张纸条，在他们之间不是秘密，多半在下棋作"诗"的时候，早已传开了。这个觉得自己写得不错，那个也觉得自己写得不赖，接着起哄胡闹，没有一个结果。现在来了一个"两栖动物"，正好可以帮他们传书信递纸条，看看到底谁写的东西能在看似宁静的湖面上荡起波澜。

小婉莹乐此不疲。这些字条或歪诗，很快传到了堂表姐妹们的手里。她们自然不会像小伙子那样互相传看，大都只是自己看完一笑，撕了或是烧了，并且不忘嘱咐小婉莹不可向大人们报告。这一波传递也就从此没了下文。

不过，每一封信或者纸条谢婉莹倒是都事先"拜读"了，不禁大失所望：许多文字不通顺，诗也多半是歪诗，不但平仄不对，连韵也没有押对。她在家塾受过老师的教导，是规规矩矩学过诗作过对的，别说是看懂平仄、分清韵脚，就是她自己来写，都胜过许多。

倒有一封算是写得文从字顺的信，她过目不忘："＊妹妆次，自违雅教，不胜怀念。咫尺天涯，未得畅谈，梦寐萦思，曷胜惆怅。造府屡遭白眼，不知有何开罪，唯鄙人愚钝，疑云难破……"这其中，居然还有一首七律："此生幽愿可能酬，未敢将情诉蹇修。半晌沉吟曾露齿，一年消受几回眸。迷茫意绪心相印，细腻风月梦借游。妄想自知端罪过，泥犁甘坠未甘休。"

只是，后来她从小舅舅杨子玉的书桌上，看到清代专写香奁诗的王次回的《疑雨集》中，就有这首诗。原来以为很有诗才的那位表兄，其实不过是一个"文抄公"罢了！

1911 年冬，我们从烟台回到福建福州的大家庭里。以一个从小在山边海隅度过寂寞荒凉日子的孩子，突然进到一个笑语喧哗、目迷五色的青少年群里，大有"忘其所以"的飘飘然的感觉。

——冰心《两栖动物》

11 "珠瑛"喜过元宵节

过了元宵才尽年，谢婉莹在故乡度过了精彩的元宵节。她们家的院子，在南后街上，这是福州花灯最集中的地方，早早就已经是"花市灯如昼"。她还得了好几个花灯，吃了好些"元宵"，开心极了。

正月初二，又称"迎婿日"，是出嫁的女儿回娘家的日子，丈夫和子女也都要同行。回娘家时，还要带一些礼品、红包，分给娘家的小孩。在娘家吃过午饭，然后在晚饭前返回。

这天，父母亲就带着一家大小，去了同在南后街上的杨家。没走多远，谢婉莹就听到一个熟悉的声音从巷子里传来。仔细一听，好像是喜舅杨子玉的声音。谢葆璋也听到了，他们往巷子里找过去，果然在巷子里一处同盟会会所，见到杨子玉坐在大厅上和许多人高谈阔论。

他们连忙叫了杨子玉一起，回了杨家。

这时候的杨家，一手带大杨福慈的叔父杨维宝已经过世，谢葆璋夫妇用过午饭便找亲戚们攀谈聊天去了。杨子玉照旧在饭桌上，喝着绍兴黄酒，就着下酒小菜，在那慢慢地啜，慢慢地吃，还总是夹着一片笋或一朵花菜、一粒花生翻来覆去地看，不立时下箸。小孩子们等长辈们散去，就赶紧围过来，缠着杨子玉，让他讲故事。

杨子玉是杨福慈叔父杨维宝的儿子。杨老先生先有三个女儿，晚年得子，十分欢喜，就给他起了小名叫喜哥！所以，孩子们都管他叫喜舅。他是小辈们最喜欢的大人了，因为从不腻烦小孩子，又最爱讲故事，总是先从笑话或鬼怪故事讲起；最后，也还是会讲一些同盟会推翻清廷的故事。他总是讲得津津有味，似乎在讲故事中，自己也得到很大的快乐。

到了初三，福州城就万人空巷了。因为这一天，人人都外出访亲拜友，互贺新年。一大早上，到处都能听到"恭喜发财""平安齐发"等吉利话。小辈

「珠瑛」喜过元宵节

们也都在大人的带领下，拜访亲友，得些"拜年钱"，有的长辈则会给一些橘子或糖果。小婉莹因此学了一句福州话童谣："拜年拜年，掏橘分钱"。

这天，父亲还带她去了同样住在三坊七巷的姑父家，虽然姑母已经过世了。说起这个姑母，小婉莹倒从没见过，只从父亲口里听到关于她的一切。她是父亲的姐姐，父亲四岁丧母，小时候全由姐姐照料，所以父亲跟这个姐姐非常亲近。据说姑母出嫁的那一天，父亲在地上打着滚哭，如何也不肯让她出家门。

去过姑父家，父亲带着小婉莹往福州城内的乌石山走去。路上，他们还买了一头牛。女儿起了诧异，问道："爹爹，为什么我们要买一头牛?"

父亲轻声叹了口气，说："你还记得，你生下来经常生病吗?"女儿回答"记得"。可不是嘛，前几天还听母亲说起三岁那年夏天，她生了一次重病，一直高烧不退，说着不像由三岁孩童口中说出来的胡话。最后还是母亲抱着她在地上的凉席里翻来覆去，终于在一场清凉的大雨后才得以病愈。

父亲接着说："你姑母很爱我，也极爱你。因为你小时候容易生病，姑母就出了求神许愿的主意，让你拜在吕祖名下，作为寄女，还替你抽了一个名字，叫'珠瑛'。"小婉莹从没听说过这个，瞪大了眼睛："我还有这么个名字啊。"

"你姑母去世前，还一直念着要你到吕祖面前还愿，要带一头牛去放生，"父亲说，"以后每年生日那天，还要请道士来家里念经，这叫'过关'。这个'关'要一直过到你十六岁，才算结束。"

看着女儿，父亲又解释说："姑母说的这些，当然都不太可信。但是，这是她临终前交代下来的，我想了想，还是照她说的做吧。"女儿点了点头，说："好啊，我也想去乌石山看看。"

福州城内有三座山，乌石山、越王山（屏山）、于山。所以，福州又称作"三山"。这一趟下来，谢婉莹对吕祖庙没太大的兴趣。她觉得放生的牛一定会被庙里的道士牵去耕田，哪里是什么放生呢？

倒是乌石山上有两大块很光滑的大石头，突兀地倚立在山上，十分奇特。问了父亲，才知道福州人管这两块大石头叫"桃瓣李片"，意思就是一片桃子和一片李子倚立在一起。回去以后，她还写了一首小诗来记下这两块大石头。诗后面署的名字，用的是从来没用过，以后也不会再用的"珠瑛"。

按照民间的说法，在年前腊月二十三这天，人们恭送灶王爷回天庭汇报工作，这才有了祭灶。来年的正月初四，灶王爷汇报完工作，又要重新回到人间，继续监察人间的善恶。因此，这一天家家户户都要守在家中，准备好供品，并焚起香、点起烛，再次燃放鞭炮恭迎灶王爷回来。所以，大家一般都

守在家里不出门，迎"灶神"回民间。

就这样一直到初五，也是俗称的"破五"，是传说中的财神生日。这天最重要的活动就是迎财神。同时，大大小小的商家也都是在这天重新开张的。

而初六，则是"送穷神"的一天。家家户户要做一次大扫除，扫出来的垃圾和不能再穿的破衣服都要全部扔掉。谢婉莹也挑了几件穿过的男孩衣服，象征性地扔掉。在她心里，这更像是跟过去的"野孩子"告别！

福州俗语："元宵但看初八灯"。元宵虽然还没到，但福州习俗，从初八开始就是送灯的日子。谢家住的院子，就在南后街，这是福州花灯最集中的地方，出来就是灯市。初八的晚上，南后街上已然是"花市灯如昼"，灯月交辉，街上的人流彻夜不绝。依着福州的风俗，元宵节里小孩子玩的灯，都是外婆家送的。福州方言中，"灯"与"丁"同音，送灯就是"添丁"，讨个吉利，博个彩头。

送灯也是很有讲究的，第一年送"观音送子"灯；第二年如未生育，则送"天赐麟儿"灯、"孩子坐盆"灯；第三、四年如还未生养，便送"橘"灯，寓为"焦急"之意。孩子出生以后，就送"状元骑马"灯、"天赐麒麟"灯等等，直送到16周岁为止。

因此，外婆家送给他们姐弟四人的其实是五盏灯，寓意再添子弟。三个弟弟们因为比姐姐小得多，到手的灯没多久就被当姐姐的忽悠走了。她除了在

墙上挂上"三英战吕布"的走马灯，还一手提着一盏眼睛能动的金鱼灯，一手拉着会在地上走的兔儿灯，在院子里走来走去，神气得很。

最热闹的还是上街去看花灯。满街的花灯，有龙凤灯、鸟兽灯……各种各样的花灯中，最好看的要数画着戏文故事的走马灯：八仙过海、王母蟠桃、红楼西厢、三国人物、西游记、水浒传等，应有尽有。在大户人家的门前，还有鳌山、彩棚等明亮绚丽的灯景。

元宵那天，最受孩子们欢迎的还有吃"元宵"。别说小孩子，祖父也爱吃甜食，但母亲认为"元宵"是糯米粉包的，糯米太粘了，老人吃了容易生痰。于是，在吃"元宵"的时候，母亲用眼神示意祖父最疼爱的小婉莹，去祖父碗里讨几颗"元宵"过来，免得让祖父吃太多，反而对身体不好。而祖父也总是愉快地把他碗里的"元宵"让给这个小孙女。

吕祖庙是什么样子，我已忘得干干净净，但是乌石山上有两大块很光滑的大石头，突兀地倚立在山上，十分奇特。福州人管这两块大石头叫"桃瓣李片"，说出来就是一片桃子和一片李子倚立在一起，这两块石头给我的印象很深。

——冰心《童年杂忆》

12 爱你不因"第一名"

谢婉莹以第一名的成绩考上了福州女子师范学校，成为谢家第一位正式上学的女孩子。可惜，她因为出疹子，没赶上开学第一天。母亲一直在照顾她，对她说："我爱你，只因你是我的女儿。"

　　热热闹闹的春节很快就过去了，院子里暂住的堂表兄弟和堂表姐妹们也都三三两两地离开，有的去工作，有的去上学。谢婉莹也要去上学了。

　　此时，轰轰烈烈的辛亥革命取得了巨大成功，南京临时政府宣告成立，孙中山被选为临时大总统，

定国号为"中华民国"，自此结束了两千多年的封建帝制。临时政府草创之际，孙中山宣布了许多废旧革新的政令，诸如改用阳历、限期剪掉辫子、劝诫及禁止缠足、保障人权、鼓励新学等等。

其中，在蔡元培先生的主持下，临时政府教育部采取了改进教育制度、革新教育内容的措施，提倡小学男女同校，鼓励女学教育。在全国革命形势影响下，福州女子初级师范学堂也改为福州女子师范学校，并聘请方君瑛担任校长，主持学校的创办和教学。方君瑛是黄花岗著名烈士方声洞的姐姐。

福州女子初级师范学堂的前身是1906年创办的女子师范传习所，监督王寿眉是陈宝琛的夫人。陈宝琛在乌石山创办了全闽师范学堂，王寿眉就在附近花巷内创办了女子师范传习所，1909年更名为福州女子初级师范学堂。

开明的谢葆璋夫妇自然鼓励女儿上学，得到消息之后，便让女儿报考福州女子师范学校预科。谢婉莹没有正式上过学，只在家塾里当过附读生，所以考完以后，很是忐忑，天天在家里等着消息，不知道能不能考得上。

这天，谢婉莹正与弟弟们玩耍，忽然听到家里有位女先生来拜访，让她出来见一见。她赶忙丢下一旁玩闹的弟弟，一溜烟跑到大厅里去。

祖父端坐在厅堂上，旁边坐着谢葆璋和一位女先生。看到谢婉莹进来，祖父摆了摆手，说："莹官，来见过新学堂的方校长。"谢婉莹连忙向女先生行个礼，说："方校长，您好！"

女先生正是福州女子师范学校的校长方君瑛。她微笑着望向这个跑得气喘吁吁的小姑娘，说："你就是谢婉莹啊。真是太好了。这次学校招考，你考了第一名！"

谢婉莹有点不相信，看看方校长，又看看祖父和父亲。只听祖父说："莹官，方校长今天是特地来家里做家访，看一看考了第一名的女学生。"说着，祖父略有些得意，捻须微笑。一旁的谢葆璋也含笑冲着女儿悄悄地竖起了大拇指。

谢婉莹深吸一口气，让自己激动的心情稍微平缓一点，咧嘴笑着说："哎呀，我还担心考不上了呢。我在考试的时候，造句和作文还行，有些算术不知道做得对不对，就担心考不上，呵呵。"

谢葆璋正了女儿一眼，说："方校长，小女自幼跟着我在兵营里长大，性子野，有些顽劣，让校长见笑了。"方君瑛校长忙笑着说："谢先生谦虚了。我看过婉莹的卷子，笔力清秀，用词准确，造句得当，不愧是谢会长的孙女。足见家教门风，我看必定是这几届女学生中的翘楚。"

谢銮恩不免客气了几句，又问起学校的情况。方君瑛说："我们的新校址就在乌石山附近，花巷内

的刘氏园亭。学校很大，环境又好。"略一停顿，她接着说："新校址所在的花巷，是古代出神童的地方。宋朝时，蔡伯俙四岁就能作诗，为宋真宗所赏识，曾赐诗称'七闽山水多灵秀，三岁奇童出盛时'。蔡伯俙就住在这条巷子里，因而花巷又叫奇童巷。现在革命成功了，也是盛时了。依我看，婉莹也是奇童啊!"

祖父和父亲不禁呵呵直乐，谢婉莹被方校长说得有些脸红，但心里实在是高兴，一直到方校长走了，脸上还是红扑扑的。方校长临走时还不忘叮嘱，再过五天就是开学的日子，一定要按时报到。

晚上，弟弟们听说姐姐考了第一名过几天要去上学，一个个吵着也要上学，家里又闹腾开了，直到夜里很迟，一家人才各自睡去。

第二天，谢婉莹居然起得最迟，而且整个人懒洋洋的，还时不时地咳嗽、流鼻涕，脸上还是红扑扑的样子。母亲感觉不大对劲，探手摸了下额头，啊，发烧了。再一看女儿的样子，眼睑水肿，眼泪一直流，下眼睑边缘有一条明显充血横线，还怕光，看样子是生病了。

可怜的小婉莹浑身不自在，不想吃饭，也不出去玩。没过多久，她的脸颊上隐隐约约可以看见灰白色的小点，外面还有红色的晕圈，不觉有些痒痒的。她还想伸手去挠，被母亲禁止了，说这是要出疹子，接下来几天有得好受了。果不其然，接下来的几天，小婉莹发起了高烧，先是在耳朵后、脖颈处出现了零零星星的红色小疹子，后来从发际边缘，一直爬到面部、身上。过了一天，又爬满全身。

母亲早已把三个弟弟都带到别的房间去了，独独留下女儿在房间里。小婉莹浑身无力，也不想动，发着高烧，在那天天睡觉。迷迷糊糊里，她只记得，母亲一直在她身边——只要她睁开眼睛，一定能看到母亲在温柔地看着她。小婉莹立刻安心下来，说了几句话，喝了些水，偶尔吃点白粥就些咸菜，又沉沉地睡去。

也不知道过了多少天，她身上的疹子慢慢消去，身上的热也慢慢退了，人也渐渐精神起来。不变的是，母亲总是陪在她房间里，陪在她身边，跟她说话，帮她擦洗身子。

有一次，她醒过来，看见母亲在一旁做着针线。母亲的手艺在大院子里是最好的，量体裁衣的时候，只要大体看一眼人的模样，就能将衣服做得正好合适。祖父就曾当面夸过母亲，说论起手艺来，母亲是全家最好的，穿上身也是最合适的，后来还送了母亲一副刀尺。这是其他人所没有过的殊荣。

谢婉莹定定地看着母亲许久之后，起身扑到母亲怀里，问母亲："妈妈，为什么您能对我这么好？"

母亲放下针线，搂着女儿，用她的面颊，抵住

女儿的前额，笑着回答："因为，我爱你呀！"

女儿又问："那么，您为什么爱我？"

母亲看着她的眼睛，温柔地、不迟疑地说："不为什么——只因你是我的女儿！"

"不为什么"这四个字，从母亲嘴里说出来，何等刚决，何等无回旋！母亲爱女儿，不因其他，母亲的爱不附带任何条件，唯一的理由，就是"你是我的女儿！"小婉莹也不再问，她能感受到身上满满都是母亲浓浓的爱意。她走到书桌前，拿起自己的写字本，握着笔，写下了几句话：

> 母亲啊！
> 天上的风雨来了，
> 　鸟儿躲到它的巢里；
> 心中的风雨来了，
> 　我只躲到你的怀里。①

小朋友！当你寻见了世界上有一个人，认识你，知道你，爱你，都千百倍的胜过你自己的时候，你怎能不感激，不流泪，不死心塌地的爱她？

——冰心《寄小读者·通讯十》

---

① 选自冰心《繁星·一五九》。

13 根在长乐的女孩

偶然间，谢婉莹从祖父那里得知，谢家的祖籍不是祖父进学时的"福建闽侯"，而是在穷乡僻壤的"福建长乐"。她也并不是"乌衣门第"出身，而是一个不识字、受欺凌的农民裁缝的后代。从此，她在所有表格的祖籍一栏上，写的都是"福建长乐"。

过了将近十天，谢婉莹的疹子总算出完了。她在家里可是一刻都待不住，因为到福州女子师范学校报到的日子早就过了。还听说开学报到那天，方君瑛校长一直念叨"这个第一名怎么还不来呀！"

今天是上学的第一天，谢葆璋带着女儿出门了。谢婉莹在山东烟台读书时，都是在自己家里，而现在到学校读书，要经过三坊七巷中的塔巷，再穿过南后街和南街，然后从花巷走进学校。学校是一座很大的旧式大园子，是以前的刘氏园亭。

一进学校，他们就看到一个大院子，院子中间还有一口很大的池塘，池塘有一道石桥横贯其上，连接着两处亭馆。乍一看，还以为来到了一处官宦府邸。

找到方君瑛校长，谢葆璋帮女儿做了登记，交了学费，领了些课本，就算是报到了。随后，方校长找来一位老师领着谢婉莹独自去教室。教室旁边也有一个小水池，池边种着一排芭蕉，还有几株绿树，很好认。

第一天的功课，是林步瀛先生上的国文课和一位男老师上的体育课。谢婉莹第一次在学校上学，很是新奇，觉得很有趣。

回到家里，她三步并作两步跑回房间，要跟母亲报告今天的情况。还没到房门口，她远远地听到母亲正在跟几位伯母、叔母议论着什么，似乎还跟她有些关系。

她没进门，就站在外面，竖着耳朵听着。

只听到有人说："话说起来，女孩子能认得几个字，会算个数，已经很不错了，为何还要花钱去上

什么学校？现在又没有女秀才，正儿八经地读些书来，以后能指什么用？"

有人接着话茬，说："依妹就应该在家里学学女红，做做针线，帮家里照看弟弟妹妹。以后总是要出嫁的，哪能这样到外面抛头露面呢？再说，你的手艺那么好，捞官①总是夸你，你也要好好教一教依妹。"

还有人说："自从四妹回来，刚刚改了性子，有些女孩家家模样，别又在外头野了。再说，毕竟是诸娘仔②，娇娇滴滴的，哪受得了风里来雨里去的苦，我看没几天就得哭着跑回来哩！"

听到这里，谢婉莹不乐意了。她直接风一般跑进屋子，故意大声地跟这几位伯叔母问好，然后尖着嗓子，说道："妈，我今天上学啦，好开心。您知道吗？学校可好了，有好几位老师，除了国文课，还上体育课……"

她一阵子连珠炮，噼里啪啦地说个不停，屋里的三姑六婆一句话也搭不上。

等到人走了，母亲一个手指头轻轻戳在女儿的额头上，哭笑不得地说："就你调皮，说话跟雨打芭蕉一样，把人都给说跑了。"

---

①　福州话，指公公。
②　福州话，指小女孩。

谢婉莹嘟着小嘴，说："谁让她们在您面前说这些话，人家乐意上学，就要上学。"

母亲搂过女儿，幽幽地说："我也乐意让你上学啊。我要是有你这般年纪，就是拼了命也要读书识字去。"

女儿听出母亲话里有些伤感，问："您不是也读了书，认了字吗？"

"那是我自己求着叔父教我的，"母亲拉着女儿坐下，接着说，"阿哥，我跟你讲一件事。这事我从来没跟别人说过，包括你的父亲，我也没有说起过。"

谢婉莹很好奇，乖乖坐着，听母亲说话。

母亲深吸一口气，才说："那是我十八岁的时候，那天我哥哥要结婚，家里的长辈都在布置新房，大家都在忙活，就我一个人没事情做。我看到正厅的桌子上空空的，感觉有些碍眼，就提议说，小桌上是不是可以放一瓶花，要不然总显得少了些什么。这时，有位堂伯母很不乐意，看着我说——这里用不着女孩子插嘴，女孩子的手指头，又当不了门闩！"

谢婉莹听到这里，"啊"了一声，仿佛能感受到母亲当时的窘迫，她紧紧地握住母亲的手。

母亲继续说道："这句话给我很大的刺激。女孩子的手指头，为什么就当不了门闩！难道男孩子的手指头当得了门闩，女孩子的就当不了？"说到这

根在长乐的女孩

里，母亲的声音忽然严肃了起来。

母亲看着谢婉莹，很认真地说："现在你有机会和男孩子一样去上学，就一定要争气。将来要出去工作，有了经济独立的能力，你就不用依靠男人。你的手指头就和男孩子一样，能当门闩使了！"

女儿很少见到母亲如此地严肃和认真，她牢牢地记住这几句话，重重地点了点头。

当天夜里，谢婉莹想着今天第一天上学，得去向祖父报告一下上学的情况。于是，她来到祖父的书屋。远远地就看见书屋里的煤油灯亮着，但祖父不在书屋。她就想找些书看，等祖父回来。

在书架上，谢婉莹第一次看到一本套红印的书，一时好奇，便拿了下来。一看封面，豁然写着"谢氏村志家史"。原来是谢家的族谱。

她翻看起来，第一位祖先是昌武公，后面是顺云公、以达公，然后就是祖父。族谱里还讲到谢家是从江西迁来的，是晋朝谢安的后裔。

正翻着，祖父进来了，谢婉莹连忙行礼。祖父点点头，问："莹官，今天上学了吧？有什么收获吗？"

谢婉莹回答："依公，上学读书真好。以前我虽然上过家塾，也认过字，但还是学校有意思。我还认识了好几位老师和好多同学，都是女学生……"

祖父听得很认真，也很欣慰，一直含着淡淡的微笑。等孙女口若悬河地说完，他忽然伸手摸着孙女的头说："你是我们谢家第一个正式上学读书的女孩子，你一定要好好地读啊。"

说到这里，谢銮恩像是想到什么，把目光投向窗外的远方，说："你是我们谢家第一个正式上学读书的女孩子，而我却是我们谢家第一个读书的人。"

孙女听了，吃了一惊，说："依公，我刚刚看到族谱，说我们是晋朝谢安的后代，您怎么却成了谢家第一个读书的人呢？"

谢銮恩轻轻"哼"了一声，说："牵强附会罢了。"说着，祖父直起身来，正了正衣领，捻着山羊胡子，正色道，"莹官，我就跟你讲一讲，我是怎么读书上学的。"

祖父对这个聪慧的小孙女一直有着不同于其他孙辈的慈祥与可亲，这一次却突然严肃了起来。谢婉莹不免有些诧异，忙正襟危坐，洗耳恭听。

谢銮恩沧桑的声音在书屋里响起："我们谢家，并非书香门第，而是贫苦寒破的农民；原本也不住在这福州城内，而是在远郊的长乐横岭。"

谢婉莹第一次听到这样的说法，以前从来没有人跟她说起过，她很是吃惊，不敢搭话，继续听着。

"我的父亲叫谢以达。他只是长乐横岭的一个贫农，祖上世世代代勤劳耕作，靠天吃饭。我的母亲呢，临到死都没有一个名字。"谢銮恩说到这里，略

一停顿，又继续说道，"有一年天灾，其实那个时候即便没有天灾，乡下人也总是吃不饱饭。那年，实在是没办法生活了，我的父母亲只好逃到福州城里来，跟人家学做裁缝。"

谢婉莹忍不住发问道："依公，为什么是学做裁缝呢？"

谢銮恩解释道："这个和很多逃往国外的乡亲一样，都是天灾人祸所迫，漂洋过海，靠着不用资本的三把刀……"听到这里，孙女突然想到福州农妇头上的"三条簪"。不过，她看着祖父认真的样子，并没有插话，继续听祖父往下说："这三把刀，就是剪刀、厨刀、剃刀，也就是做衣服、当厨师、学理发。因为没有钱，不识字，不会算数，其他活计也做不了，有很多人就靠着这三把刀起家生活。只不过，我的父母亲没有逃到那么远的地方！我们国人自古是勤劳的，不怕路远，不怕艰辛，闯关东、走西口、下南洋、拓北方……

"好在，我的父母亲学手艺学得快，总算在福州城内接了些手艺活，安顿下来。那个时候，很多做手艺活的，都是欠着账去做。只有在一年三节，就是春节、端午节、中秋节，才可以到人家家里去要账。"谢銮恩说到这里，声音不自觉地高了，继续说道，"有一年春节，父亲到一户人家去收账。因为不认得字，被人家做了假、赖了账，还被对方羞辱了一番，说他是地里长出来的农汉子，一辈子只能讨着天、求着人吃饭。父亲那个生气啊，可是他不认得字，也实在没有办法，只得两手空空垂头丧气地回到家里。正等米下锅的母亲听到这个消息，沉默了好一会，含着泪走出门去，过了半天也没有进来。

"父亲发觉不对，赶紧跑出去寻找母亲。这才发现，母亲已在墙角的树上挂了绳子，自缢了！父亲赶紧把母亲解救下来，幸好来得及时，母亲总算醒转过来。两个人你看着我，我看着你，举目无亲，叫天不应叫地不灵，能耐几何！只能抱头痛哭！"谢銮恩说着说着，悲从中来，眼里噙着泪，一字一顿地把家族往事和盘托出。

谢婉莹感受到那如冬日里冰刀般刺骨的悲痛，一只手抓着祖父的衣角，眼泪也早已从眼角滚落下来。

谢銮恩整理了一下情绪，伸手抚着孙女的头，说："就是在那天，我的父母亲，你的曾祖父母，两个人在寒风中跪下，对天立誓，'将来如蒙天赐，生下一个儿子，拼死拼活，也要让他读书识字，好替父亲记账、要账，不再受人欺负，遭不能读书的罪！'

"可是，老天爷总是喜欢开玩笑。从那以后，我的母亲一连生了四个孩子，全是女儿，直到第五胎才得了一个男孩，还是难产。总算是天可怜见，母

亲挺了过来，生下一个男孩，这就是我。我的父母亲感念老天爷的恩赐，认为我的出生一定是他们积德行善才换来的。所以，我的乳名就叫'大德'。

"我稍微长大一点，父母亲就四处找人，千方百计地让我进学、读书、识字。我的四个姐姐也早早就在家里帮忙做活，一起供我上学。后来，我也总算考取了秀才，没有辜负父母亲的一番心血、辜负一家人的期盼。这才有了我们谢家的今天。

"说起来，你的四个祖姑母仅仅因为是女孩子，就没有办法读书识字，只能嫁作农妇，一辈子连个名字都没有。现在时代开明，女孩子也都能上学读书，我有时候真觉得对不起她们。

"所以，莹官啊，你现在是我们谢家第一个正式上学读书的女孩子，这是以前想都不敢想的事情！你一定要好好地学啊！"

祖父说完这些，深深叹了一口气，望着忽闪忽闪的灯火，出了神。

谢婉莹听着祖父的话，彻底被震撼到了。她从来没意识到，自己的祖上居然也跟"三条簪"一样，是普普通通千劳万苦的农民，是目不识丁受尽欺凌的裁缝。她将祖父的话一字一句地全记在心里，打从心底发出了深深的感触，既是因为谢家的根来自于农民和土地，也是因为无法读书不能识字的悲苦，更是因为对女孩子被剥夺读书识字权利的愤懑。

从祖父书屋里出来，她一直无法平复自己的心情，边走路边若有所思。月色下，迎面走来一位相熟的堂兄，谢婉莹忍不住拉住堂兄，问道："依哥，你有没有听说过，我们谢家祖上的事情？"

堂兄脸色一变，压低声音反问："四妹，你说的是我们谢家祖上的什么事情？"

谢婉莹也顾不上堂兄的情感变化，又说："哎呀，就是我们谢家原来不住在福州城里，只是长乐横岭的农民。后来才到福州城里当裁缝，供依公读书进学。"

堂兄的脸色越发暗沉了，口气很不高兴地反问道："你这是听谁说的，这不能乱说！"

对于堂兄的态度，谢婉莹也有点不乐意了，说："哼，我才没有乱说呢。是依公亲口告诉我的！不信，你问依公去。"

老半晌，堂兄不言语了，直直地愣在那里。过了一会，他轻轻地把谢婉莹拉到走廊的一侧，悄悄地说："四妹，你还小，以后这件事情千万不要再讲给别人听了，不要让别人知道了。"

谢婉莹一听，狠狠地瞪了堂兄一眼，说："干吗不能说？难道依公说的还有假？"堂兄着急了，忙说："不是说依公说的是假的。只是……只是我们现在好歹是乌衣门第，依公是兴文会的会长，你父亲还是海军将官。以前的这些事，传出去不好听，你

不要再讲出去了。"

莫名地，谢婉莹恼怒起来，正想不理堂兄。堂兄却又抓着她，用带央求的口气说："好四妹，真不好说出去。再说，你看，我们现在上学读书，填的表格上，写的籍贯都是依公当年进学的'福建闽侯'。难道以后我们填表格写籍贯的时候，都要改成'福建长乐'吗？"

这下子，谢婉莹真生气了，应声道："写'福建长乐'怎么了？难道不是事实吗？"

堂兄有些不以为然，说："事实又怎样，谁还会去查你的家谱？"

夏虫不可语冰。谢婉莹真觉得跟这位堂兄无话可说了，一摆手，说："我以后填表格、写籍贯，一定要写'福建长乐'！"说完，她一扭头，跑回屋里，扔下一脸愕然的堂兄不管了。

回到屋里，父亲正在看书，是祖父的好友严复先生翻译的英国作家斯宾塞的《群学肄言》，书桌上还摆着另一本同样是严复翻译的穆勒的《群己权界论》。父亲最近赋闲在家，倒是有时间看书，看的还大都是这一类的书籍。

母亲呢，则在一旁做着针线，三个弟弟估计早就睡着了。

谢婉莹一进门，便迫不及待地问父亲："爹爹，我刚才听依公说起我们谢家祖上的事情了。"

父亲一怔，放下书来，说道："依公跟你说了也好。你今天第一天上学，我也想找个机会与你说一说这个事情。好让你知晓，如果不好好读书争气，就不是我们谢家的子孙。"

谢婉莹听了父亲的话，用力地点了点头，说："爹爹，我记下了，我一定好好读书争气，不给谢家丢脸。"

母亲也放下针线，跟女儿说："阿哥，你要知道，你现在能够正式上学读书，是多么幸福的一件事情。那天，听方校长说你入学考试得了第一名，我是多么地高兴！我真为你骄傲！"说着，母亲搂过女儿，欣慰地笑着。

忽然间，谢婉莹觉得自己长大了，仿佛是家里的顶梁柱，整个人的腰板都直了起来，浑身有使不完的劲儿。她接着说起刚刚遇到堂兄的事情，末了，忿忿地说道："真不明白，堂兄怎么能这样？"

父亲站起身来，看着女儿扑闪的大眼睛，说："他这是忘本！没有以达公下定决心，哪有我们的现在？"然后，他又说，"更不应该轻贱农民，我们现在吃的穿的用的，有哪一样不是田地里的汉子辛辛苦苦劳作而来的？怎么能认了几个字，就看不起他们呢？"

父亲拉过女儿，一起站在窗口，说："俗话说，'无农不稳，无工不富，无商不活。'没有农业，社

会就不稳定；没有工业，国家就不富足；没有商业，生活就不活跃。这其中，农业和农民就是我们国家的根基。"

谢婉莹心念一动，问道："爹爹，应该还有军队和士兵吧。您是带兵打仗、保卫国家的人，没有军队，国家怎么能安定呢？"

谢葆璋一脸惊讶地看着女儿，实在有些难以置信。不止因为女儿的举一反三，更是因为女儿的早慧与聪颖。他心里实在是高兴，满足地笑了起来，说："对对对，还有人说，无兵不安。"

母亲也是一脸慈爱地看着女儿，说："我们的阿哥，真是聪明，巾帼不让须眉，有木兰之志！"

谢婉莹一下子脸红了，其实这些话，她也是听来的。喜舅杨子玉给他们小辈们讲故事的时候，时常大发感慨。她听了几次类似的话，早记在心上了。这时候，被父母亲夸奖一番，却又觉得不好意思了。

正在婉莹面红耳赤的当头，父亲指了指窗外的一棵榕树，很认真地说："阿哥，你看那棵榕树。如果说我们谢家是这棵榕树的话，你祖父就像是树干，我们是树枝，你们呢，就是树叶。而我们的根，我们谢家的根，就扎在那片农民们世代耕作的土地上！"

父亲现在说的这些话，连同母亲上午说的话、祖父晚上说的话，是如此紧密地缠在一起，像麻绳一样，形成一个整体，深深地烙在谢婉莹的脑海里。从此，这些成为她心里割舍不断的牵绊，成为她今后一生奋力向前的生命准绳。

入夜，临睡前，谢婉莹又一次取出写字本，拿起笔，略一思索，认认真真一笔一划地写道：

假如我的祖父是一棵大树，他的第二代就是树枝，我们就都是枝上的密叶；叶落归根，而我们的根，是深深地扎在福建横岭乡的田地里的。①

……要我为即将修订的族谱作序。这使我感到光荣而又惭愧！我自幼离乡，对于乡土乡人极少接触。但我认为族谱是承上启下的家族历史。对家史的注重和关怀，是爱祖国爱人民的起点！

——冰心《族谱序言》

① 选自冰心《我的故乡》。

根在长乐的女孩

14

柳州风骨长吉才

　　刚刚入学的谢婉莹很不习惯，还偷偷地抹过眼泪，但她从来没有对任何人说起过，怕大家庭里那些本来就不赞成女孩子上学的长辈们，会出来劝她放弃读书！好在，她学习用功，对所有的老师都十分尊敬，对各门功课都充满了兴趣，慢慢地就适应了学校的生活，受到老师们的喜爱。

　　谢婉莹正式上学的第一天，对她而言，是至关重要的。她也暗暗下了决心要好好用功读书，让所有人看看，女子也能撑起一片天。

然而，从上学的第二天开始，她就哭鼻子了。

在学校的第一天，眼前的一切都很新奇，不知不觉一下就过去了。可是到了第二天，问题来了。

在烟台时，她也算上过课、读过书。不过那毕竟是家塾，是在家里上学，授课的老师是表舅，周围的同学不是表兄就是堂哥，教室里顶多七八个人。加上她是附读生，年纪又小，平常在外野惯了，不想听课时，偶尔跑出去也没有人管。

现在的学校是一所民国后办起来的新学，学业较多，国文、数学、自然知识等都有，还有体育课。老师不像家塾里那样，她一走神，再回过神时就云里雾里了。

还有一个致命问题是她之前所未曾想到过的，那就是语言。

谢婉莹从三岁起就在烟台生活，日常说的、平时听的，都是烟台话。而这里呢，老师授课往往用福州话。听课倒也罢，她连猜带蒙也能大概懂得些。让她窘迫和痛苦的却是说话，从她嘴里顺溜出来的，是一口地地道道的山东口音胶东方言。只要她在班上一出声，就有人在那窃窃私语，更有顽皮的同学找机会起哄，直把她窘得恨不得钻地洞。

如此一来，她的委屈实在是"指不胜屈"了。但是她不敢说——哪怕是对祖父或者父母，她都没有说起过这些委屈，就怕大家庭里那些本来就不赞

成女孩子上学的长辈们，会出来劝她放弃读书！

她只能自己找个地方悄悄地抹眼泪，偷偷地回想烟台那些海阔天空自由奔放的日子。

哭，也不是办法，问题总是要解决的呀！

她得自己想办法，克服困难，迎难而上。她给自己立下规矩，一定要比别人更用功读书，要尽快融入到新的学习状态中去。首先，她在每堂课之前，都很认真地预习课文，哪怕是她已经熟悉的内容，也要逐字逐句地读下去。然后，她照着课文的内容，请祖父或者父母亲来，用福州话试着说几遍，悄悄地记在心里，以防老师上课时说福州话，她又听不懂了。最后，她想好好学说福州话。可是，福州话太难了，单单音调就有七个。而之前她说的烟台话，音调只有三个，差别太大了，这对于她来说，实在是强人所难。

相较于这件事情，课程上碰到的困难、上课时要遵守的规矩，就显得相对容易克服了。

有一回，刚上完一堂数学课，谢婉莹还坐在位置上没动。原来，刚才上课时的一道题，因为老师的福州话还没被她"翻译"过来，难住了她。不把题目拿下，她可是坐立不安。

谢婉莹苦思许久，可是实在做不出来，不争气的眼泪眼看着就要滚下来了。这时，不知什么时候从旁边伸出一只温柔的小手，轻轻按在她的肩上，差点吓她一跳。回过头来，一位陌生的姑娘站在她身旁，估摸比她大两三岁的光景，模样清秀，面带微笑，冲着她落落大方地说："你好，我叫王世瑛。"

虽然谢婉莹平时是个野惯了的性子，但终究是个小姑娘，咋一见到这么一位开门见山的陌生人，也实在有些不自然。她赶忙站起身来，说："你好，我叫谢婉莹。"

"咯咯咯，"王世瑛爽朗地笑着，说，"我早知道你就是谢婉莹了。入学考试，考了第一名的谢婉莹。方校长老是夸你，说你文采风流，今天看到你，才知道你果然很漂亮啊！"

哦，这是什么逻辑？文采风流和漂亮怎么扯上了关系？不过，谢婉莹也没顾得上理会这个，说："没有，没有，是方校长过奖了。"

王世瑛又咯咯直笑，说："哪来这些文绉绉的话呀。先自我介绍一下，我在这里读三年级，按道理应该比你大三岁啊。对了，我是光绪二十三年出生，你是哪一年出生的呀？"

谢婉莹一听，再定睛打量，这位王世瑛个子娇小，头上梳着两个小辫子，穿着一件浅色的长裙，脚上是一双绑着鞋带的平底鞋，一副活泼娇憨的样子。谢婉莹回答道："我是光绪二十六年出生的。"

王世瑛听了，眼珠子一转，捏着嗓子装模作样地说："嗯，在下痴长几岁，你就受累叫我一声'大

哥'。哦，不，叫我一声'大姐'如何呀？"

谢婉莹哪见过这么有趣的人物，被逗得哈哈大笑，也一本正经地回道："小妹就此拜见'大哥'。哦，不，拜见'大姐'！"说罢，冲着王世瑛大大地作了一揖，接着两个人都一起大笑起来。

原来，这王世瑛虽然已经是高年级的学生了，但是因为在自己班上年纪最小，个子也矮，所以总喜欢跑到低班来玩。这次听说低班有一个叫谢婉莹的同学，入学考试考了第一名，连方君瑛校长都大加赞赏，就找了个空闲，过来认识一下。

说到这个第一名，谢婉莹不由得叹了口气，说："什么第一名啊，我现在觉得自己好笨，连老师刚才讲的这道题都不会做。"王世瑛一听，自告奋勇地说："来来来，我来教你。"谢婉莹高兴得都快跳起来了。

此后的几天，王世瑛经常来找谢婉莹玩，帮她补功课，还带她认识了好多新的同学。只是谢婉莹受父亲军人气质的影响，天性喜欢独来独往，再加上王世瑛毕竟是高段的学生，与她多多少少有些年龄上的差距。因此，她反而不敢跟王世瑛多走动，每次都是王世瑛主动来找她。

就这样过了一段时间，在王世瑛的帮助下，谢婉莹很快便适应了学校的学习生活，也慢慢地能跟上各门功课，再也没有哭过鼻子了。

这天，国文老师林步瀛在上课之前跟大家玩起了猜谜游戏。只听他说："'上有一半，下有一半，除去一半，还有一半'，猜一个字。"

谜面出来以后，同学们一个个绞尽脑汁在纸上画来画去。可是，半天都没见人猜出来。

这时，林老师看到谢婉莹并没有像其他同学那样在纸上涂涂画画，只是一个人静静地坐着，便点名问她："婉莹，你知不知道这个谜底呢？"

谢婉莹站了起来，有些忐忑地说："林老师，我想，这是一个'随'字，'随便'的'随'字。"

林老师心中一喜，说："你来解释一下。"

谢婉莹不慌不忙，胸有成竹地说："'随'字，'上有一半'，就是上头是'有'字的一半'ナ'；'下有一半'，下面也是'有'字的一半，是个'月'字；'除去一半'，是'除'字去了一半，是'阝'；'还有一半'，是'还'字有一半，是'辶'。把这些字的一半拼起来，不就是一个'随'字吗？"①

林老师一听，率先鼓起掌来。同学们听了谢婉莹的解释，仔细一想，可不就是个"随"字，一个个佩服得五体投地，也热烈地鼓掌。

谢婉莹在掌声中，有些不好意思了，不自觉低着头，脸上已经泛起红晕。

---

① 这时用的是"随"的繁体字"隨"。

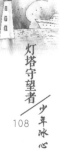

她偷眼看林老师，林老师似乎还在那高兴。只听林老师又说："同学们，刚才谢婉莹说的'随'字就是谜底。接下来，我要公布一下大家上一次作文的成绩。你们猜一下，这次谁得了'佳'？"

说话间，林老师已经拿出一叠纸，正是同学们上次写的作文，远远地还能看到上面密密麻麻批改的痕迹。林老师拿出最上面的一张作文，说道："上一次的作文，只有一位同学得了'佳'。她就是谢婉莹同学。"

"哇——"同学们发出赞叹声。谢婉莹刚刚猜中了谜底，正高兴着，现在又有一个好消息接踵而至。

林老师翻着谢婉莹的作文，将其中写得好的句子念了出来，与同学们分享。最后，他把这份作文展示给大家看，同时说道："这篇作文，叙述有条理，言之有物，能自圆其说。尤其值得一提的是，婉莹的这篇作文是用文言写的，不论遣词造句，还是引经据典，都准确规范，非常难得，当得起'柳州风骨，长吉清才'这八字评语！"

同学们又是一阵赞叹声，脸上泛起了羡慕，几十双眼睛齐刷刷地望向谢婉莹。这下子，谢婉莹受宠若惊，站在那里都不知道手该往哪里放了。但是，她的心里，被幸福塞得满满的。

林老师继续说道："这八字评语也是有讲究的。'柳州'指的是唐宋八大家之一的柳宗元。他字子厚，世称柳河东，因官拜柳州刺史，又称柳柳州。我们以后会学到他的名篇《捕蛇者说》。'长吉'指的是唐代杰出诗人李贺。他字长吉，有'诗鬼'之称，与'诗圣'杜甫、'诗仙'李白、'诗佛'王维齐名，我们以后也会学到他的《雁门太守行》。这'柳州风骨，长吉清才'八个字，就是赞扬我们的谢婉莹同学的这篇作品，有着柳宗元那样雄健有力的风格和李贺那样清新不凡的才气。"

谢婉莹此前在烟台上过家塾，平常又喜欢读书，作过诗对过对子，更尝试过写章回体侠义小说，文笔确实比其他同学要老练些。这次的作文又是用文言写的，让林老师觉得耳目一新，但她自己却不认为能当得起这么高的赞誉。

也许因为林老师的课比较活泼，也许是她第一次在这么多人面前被老师表扬，也许是看到这段时间的努力得到了回报，谢婉莹居然顾不得课堂的纪律，连忙摆着手，口不择言地说："林老师，您不能这么说呀！"

林老师先是一愣，而后不由得大笑起来，说："婉莹同学，我不这么说，该怎么说呢？"课堂上，同学们也都跟着笑了起来，谢婉莹就更是脸红得想找个洞钻进去。

在之后的日子里，林步瀛老师对谢婉莹另眼相待，很喜欢她，又在其他作文上写过诸如"雷霆震睿，冰雪聪明"等评语。

有了林老师的表扬，谢婉莹越来越自信，其他功课也越来越好。渐渐地，所有老师都喜欢上了这个聪明而又乖巧的小姑娘。

民国元年的秋天，我在福州，入了女子师范预科，那时我只十一岁，世瑛在本科三年级，她比我也只大三四岁光景。她在一班中年纪最小，梳辫子，穿裙子，平底鞋上还系着鞋带，十分的憨嬉活泼。因为她年纪小，就常常喜欢同低班的同学玩。她很喜欢我，我那时从海边初到城市，对一切都陌生畏怯，而且因为她是大学生，就有一点不大敢招揽，虽然我心里也很喜欢她。

——冰心《我的良友》

15 横岭还乡不能忘

一天，长乐横岭来了几个乡亲，想请父亲谢葆璋带几个兵回乡祭祖，好光耀门楣，光宗耀祖。但是，谢葆璋只答应一个人回乡，并且退还了乡亲们带来的"见面礼"。

日子过得真快啊，转眼间，谢婉莹上学已经几个月了。这天，她放学回来，走过大厅时，看到厅上来了几个客人，祖父正在跟他们说着话。看到谢婉莹，祖父叫住她，说："莹官啊，去找你爹到大厅！就说老家来客人了。"

谢婉莹答应着，赶忙回到房中，喊来了父亲。好奇的她，也跟在父亲屁股后面，到厅堂上看个究竟。

只听祖父跟父亲说："三儿，你来见过老家横岭的几位乡亲。"父亲依言，向几位来自老家的乡亲一一行礼。

谢婉莹偷眼打量这几位乡亲。他们欠着身子侧坐，都是一副农民的装扮，岁月的痕迹鲜明地留在脸上，露出淳朴的笑容。

其中一位年长的乡亲拱手回礼，说："谢会长，谢军官，你们是知道的。咱们横岭人都是老实人，世世代代在田里干活，没几个有出息。那里山高路远，大家安分守己，只懂得靠天吃饭，很多人一辈子都没出过乡里，不知道外面是什么模样。唉，孩子们经常吃不饱饭，有上顿没下顿，很多想到外面去的，就卖到戏班子做'戏子'……"

谢婉莹在一旁从头到尾听得真真切切，越听越吃惊。她没想到老家横岭的情况居然是这么不堪，不由得回想起自己所熟悉的山东烟台那些苦哈哈的农民来，心里实在是堵得慌，随后涌上一股说不出来的难过滋味！

这边，老者继续说道："我们横岭很小，现在只有三十四户，人少势微。附近大多是大乡大姓，仗着人多，总是欺负我们，田地被外乡占去不少。"

谢銮恩和谢葆璋对视一眼，都不搭话。那名老者接着说："不单单这样，后来，我们地里的稻子刚熟，竟跑来不少人把稻子抢割了去。"

谢葆璋忍不住，接口说："那去报官啊。"

一位年轻的乡亲愤然说道："怎么没去报官？我们到官府打过几回官司，但是官府吃了他们的好处，一直偏袒那些外乡人。我们的官司从来就没赢过。这还不算，别说田地、粮草没要回来，我们还赔了打官司的钱。"

话说到这里，几位乡亲一起把目光投向那位老者。老者狠狠地咬牙，说："谢会长，谢军官。现如今，谢军官回了家乡，我们族里都知道。大家说，乡里出了个这么大的军官，是咱横岭祖上积了大德，是几辈子苦修才有的福气。过几天就是清明节，谢军官能不能趁着这个时间，回乡里拜拜祖先，衣锦还乡。最好啊，能带上几个扛枪的兵勇，一起热热闹闹地回去夸耀夸耀，好叫那些外乡人看看，咱们横岭也是有靠山的，不能让他们总欺负咱们。"

其他乡亲忙跟着应和，求着谢銮恩和谢葆璋，恳切的目光聚焦到谢葆璋身上。那位老者抖抖索索地从怀里抓出一包红纸包住的东西，打开之后，露出整整齐齐叠好的银角子，一眼过去就能看出是一百个，合起正好值十个银元。

老者颤颤巍巍地将红纸包递到谢葆璋面前，说：

"谢军官，这是乡亲们的'见面礼'，实在不成敬意。请军官您不要嫌弃礼小，总归是乡亲们的心意，一定要收下啊！"

谢葆璋生怕老者的手没抓牢，忙伸手接过红纸包。然后，他就站在那，看了眼红纸包，面有难色，当着谢銮恩的面又不好作答，于是把询问的目光投向父亲。

谢銮恩捻须思考一会儿，看了看央求的乡亲，对谢葆璋说："三儿，这么多年了，横岭你还没回去过，是应该回去拜拜祖先，认一认我们谢家的宗祠。再说，你曾祖父的墓就在岭上，平日里也多亏了这些乡亲们帮忙照看。不如，这一次你就回横岭一趟，祭祭祖先，顺便到岭上看看曾祖父的坟茔，清清杂草，打扫打扫。"

听见父亲发话，谢葆璋心底思忖一下，便说："几位乡亲，多谢往日里大家的帮衬。回乡祭祖扫墓，也是我的本分。但是，我此次是辞官回家，算不上荣归故里。你们要我带兵回去，这也做不到。我手上没有兵，也不能带兵回去。这个，也只好请乡亲们多多体谅。"说着，他恭恭敬敬地把红纸包递回老者的手里，郑重地说，"至于这个'见面礼'，都是咱们乡里乡亲辛辛苦苦得来的血汗钱，我是坚决不能收的。别说咱们都是横岭出来的兄弟，哪怕是没有一点干系，我收了这个'见面礼'，跟那些吃了好处的官府又有什么区别呢！如果这个'见面礼'你们不拿回去的话，我也不回去了。"

话说到这里，横岭的乡亲只好接受了，虽然他们有些失望，但谢葆璋既然答应回去，也算是一个鼓舞。按他们的想法，谢葆璋是个比县太爷还要大的官，能回去，足以光宗耀祖，可以提升乡风，让那些大姓外乡不敢欺侮。于是，谢葆璋跟他们商量着定好了去横岭的日子。

父亲走后，谢婉莹就一直记挂着这件事。她的脑子里总有挥之不去的那些横岭乡亲们的身影，总忘不了乡亲们脸上被贫寒刮过的伤痕。

清明节过后不久，谢葆璋就回来了，在厅堂里向谢銮恩述说这次回横岭的经历。一直关心这件事的谢婉莹也早就跑过来了，坐在旁边支起脑袋听着。

谢葆璋说："我回去那天，离横岭还有好几里路，就碰见出来迎接的族人，准备了一顶四人的轿子，还跟着十来个人盘着辫子，赤着脚，在后面敲锣打鼓，鸣放鞭炮。他们说什么也要我坐上轿子，我不肯，就硬把我架上去。我争执不过，只有由他们了。上了轿子，他们抬着我回横岭，大老远就开始喊着'谢军官回乡祭祖'，然后又是敲锣又是打鼓，还一路放鞭炮。走了很久，估计是特地到外乡上转了一圈。"说到这里，谢葆璋顿了顿，苦笑几声，却又带着几分不忍。

谢銮恩叹了口气，说："乡里人被欺负怕了。"谢婉莹也一言不发。

谢葆璋继续说道："那天从中午走到傍晚，才到横岭。乡亲们一直没有吃饭，在宗祠外面摆了好几桌，看到我来了才一起吃的饭。大家都很高兴，估计是因为有大菜吃了。不过，我注意到就只有我那桌才有大鱼大肉，还温了两壶酒。族长和几个族老陪我吃饭。我看着乡亲们的样子，没什么胃口，也吃不下，好在乡亲们都很高兴，把一桌子菜吃得一点不剩。"

听到这里，谢婉莹莫名地心底一酸，眼里涌出了些泪水，忍不住说："爹爹，乡亲们肯定好久没吃过饱饭了。"

父亲望向女儿，伸手抚着女儿的头发，点点头，然后说："第二天一早，我就到宗祠里祭祖了，祠堂上打扫得很干净，祖宗牌位也都擦得很亮，红烛也是新的，还点了香薰。族长领着我拜了祖先，又介绍几个小辈给我认识。估计是想让我有机会带一带他们。"

这时，谢銮恩插话说："把名字记下来就好，先别急着答应。"谢葆璋应道："是的父亲。我现在没有一官半职，再说对他们的人品心性都不了解，暂时不会去跟族长说什么的。"谢銮恩就不再说话了。

谢葆璋呷了口茶，接着说："后来，族长带我去曾祖父的坟上磕头。您说的果然没错，乡亲们已经事先帮我们打扫过了，也清了杂草。我就把准备的红纸包给他们。等回过头来，族长又要给我'见面礼'，也是一百个银角子，都被我退了回去。

"没想到的是，那天傍晚开始，族里请了戏班子来唱戏，连着唱了三天三夜。我本来想跟族长说，唱一晚就好了，戏班子的钱我来付。但族长说了，乡亲们好久没这么热闹过，让大家都高兴高兴也好。我也就不便再说什么。

"后来，我听说，戏班子里面有很多就是我们横岭出去的。我心里不忍，又偷偷给戏班子包了红纸包，还好这次听父亲的安排，多准备了一些银角子。唉，都是苦哈哈的乡里乡亲。"

谢葆璋难得叹了口气。谢銮恩想了想，问道："对了，隔壁鹏谢村来人了吗？"谢葆璋点点头，说："来了。我要离开的那天，鹏谢村的人也过来了，一直邀我去村里住几天。我实在没有什么心情，就推说家里还有急事，没有答应。不过，他们说明年清明再回横岭的时候，无论如何得到他们村里住几天。我没有办法，就先答应下来。"

半晌，祖父和父亲都不再说话，两个人只干坐着喝茶，想着心事。谢婉莹听到现在，想起什么似的，问："爹爹，横岭那里的女人，头上是不是也插着'三条簪'呀？"

　　谢葆璋一愣，说："横岭那里生活很苦，不论男人女人，连像你这么大的孩子，也都要天天下地干活，还经常吃不饱饭，哪里还有钱去做什么'三条簪'呢？都是绑个辫子，盘个头发，用竹签子扎一下，就完事了。"谢婉莹听了，着实吃了一惊，没想到横岭的女人连普通的簪子都没有。

　　夜里，谢婉莹头一次失眠了。她的脑子里不时浮现出山东烟台东山金沟寨的那些贫苦农民的身影，这些身影不知不觉又跟横岭乡亲的形象混在一块。最后，居然连刚回福州时看到的"三条簪"的模样也窜了出来，交织在她的脑海中，慢慢地变成一个整体！

　　从祖父和父亲的谈话里，我得知横岭乡是极其穷苦的。农民世世代代在田地上辛勤劳动，过着蒙昧贫困的生活，只有被卖去当"戏子"，才能逃出本土。当我看到那包由一百个银角子凑成的"见面礼"时，我联想到我所熟悉的山东烟台东山金钩寨的穷苦农民来，我心里涌上了一股说不出来难过的滋味！

　　　　　　　　——冰心《我的故乡》

龙舟竞渡午时书

福州的端午节到了，这里有着其他地方所没有的民风习俗。谢婉莹帮祖父写"午时书"，跟着父亲一起看了龙舟竞渡，也注意到端午节这一天祖父的严肃与沉默。

"桃儿红，杏儿黄。粽子香，包五粮。剥个粽子裹上糖，幸福生活万年长。"清明过后就是端午了。福州的端午节从五月初一开始算，一直到五月初五，所以也称"五日节"。其实，从四月底，福州城内城外就洋溢着节日的气息，因为赛龙舟之前的"采莲

曲"随"采莲鼓"的声音早已在街头巷尾回响着。

这边唱着："手拍锣鼓响连天，采莲募款到街边。一枝蒲艾门前插，竹叶裹粽四角尖。这间店号沈绍安，古董雅玩排堆山；脱胎漆器扬四海，店号创设乾隆间。"

那边唱着："手拍锣鼓响连天，端午采莲在街边，一枝蒲艾门前插，竹叶裹粽四角尖。宣政街上好排场，蜀间馆店聚春园。叽喳哔卟真有味，蜀碗名菜佛跳墙。"

这是为端午那天的赛龙舟筹集经费来着。"采莲曲"歌词四句一段，每句七字，都唱一个商家的赞词，朗朗上口，既是宣传龙舟赛，也是为商家做广告。像第一段唱的是一家脱胎漆器行，第二段唱的是一家福州本地的饭店。

谢婉莹也是从这些"采莲曲"当中得知了"福州三宝"：脱胎漆器、油纸伞、牛角梳。

来福州之前，她没有料到福州的端午节这么热闹！初一开始，大院子里每家每户都在大扫除，把菖蒲、艾叶悬挂在门框两旁。这些都是大人的事，她就跟着堂姐妹们学唱福州端午民谣："端午鼓咚咚，肚兜替春装；江中龙舟竞，香袋挂衣襟；家家忙裹粽，户户喜悬蒲；祛毒雄黄酒，辟邪五色符；黄烟才放过，又贴午时书。"就等着端午节这天的到来。

五月初五这天终于来了，学校也放了假。虽然谢婉莹早已听说端午这天是曾祖父过世的日子，祖父在这一天特别严肃。但是这一天，对大院子里的十几个堂兄弟姐妹来说，却又是最快乐的一天。

　　一大早，她就穿上了绣得极其精美的红肚兜，上面还挂着由五色丝线缠成粽子样的五彩缤纷香包。说起这个肚兜，也就是福州民谣中的"肚爿"，大人小孩都可以戴，只不过，大人戴的多是蓝色、白色，男孩戴绿色，女孩戴红色，说是辟邪，其实是保护肚子不受凉。

　　香包则是用花布绣成精美图案的小布袋，里面放了麝香或其他香料，大多是母亲、姑姑、姐姐们亲手缝制的。有的则装着樟脑丸的"臭丸袋"，令蚊虫不敢近身。不过，没有小孩子喜欢戴这个。

　　穿戴完毕，对着镜子欣赏一番，懂事的谢婉莹就帮着父母亲把从田间采回的黄花草、紫苏、艾草等，连同钉在门框两旁的菖蒲一起洗干净，挂到院子里晒。回过头来，还有调了雄黄粉的白酒，洗干净的家具、被帐，也都放到外面去暴晒，要一直晒到中午。据说端午节时，太阳会消灭一切霉气。

　　然后，母亲带着姐弟四人到祖父那请安，为祖父献上母亲亲手缝制的衣服。不用想，谢婉莹都知道祖父一定在书房写字，因为他在准备"午时书"。所谓"午时书"，其实就是简短一些的对联，没有横

批，但跟端午节有些关系，要在午时的时候，换下春联。

为祖父献上衣服之后，母亲就带着弟弟们回房裹粽子，独独留下谢婉莹在祖父身边，帮祖父研墨。

今天的谢銮恩确实严肃而沉默，自始至终一言不发，只在那郑重地写着字。谢婉莹不敢打扰他，也不多说话，她自然记得端午节是曾祖父的忌日。祖父早已写了好几副对联，比如："艾旗招百福，蒲剑斩千邪"；"午时万众醉，水底一人醒"；"保艾思君子，依蒲视圣人"；"不效艾符趋时俗，但将蒲酒话升平"；"屈子自醒人尽醉，孟尝长富我甘贫"；"仰天长叹鸣千屈，披发苦吟痛九原"；"美酒雄黄正气独能消五毒，锦标夺紫遗风犹自说三闾"……他现在写的是："门幸无题午，人渐不识丁"。

谢婉莹有些看不懂了，等到祖父写完收笔，她忍不住问祖父："依公，这副午时联是什么意思呀？我看不大懂。"

祖父听了，停了一会，耐心地解释说："莹官，这副午时联是有典故的。说的是明朝时福州一位名叫曹学佺的官员，赋闲在家，有一年端午节，他在三坊七巷里走着，在一座破败的房子门口，看到这副对联。这一副对联的意思是说，家里的门上没有题写午时联，是因为主人很惭愧，目不识丁"。

谢婉莹插话说："啊，都写出这副午时联了，哪会目不识丁呢?"

祖父终于微微笑了一下,接着说:"对啊,曹学佺也是这么想的,所以就进门拜会这房子的主人。主人叫徐振烈,因为排行第五,也叫徐五,是一个屠夫。曹学佺虽然是官员,但他没有看不起徐五这个屠夫,后来他两个人成了好朋友。相传,曹学佺因明朝灭亡而自尽,徐五也随他去了。"

说到这,祖父突然意识到面前只是十二岁的小孙女,不等墨迹干了,就把这副午时联收起来,一边说:"今年贴这副午时联不好,不贴了。莹官,快到午时了吧,我们该吃粽子了。吃过粽子,去贴午时书。"谢婉莹这才想起来,在祖父这里太久,都忘了吃饭,吐了吐舌头说:"依公,看您写字都看忘了,有粽子吃咯。"她帮着祖父把午时联收好,然后一起去吃粽子。

吃粽子的时候,谢銮恩和谢葆璋夫妇都极严肃沉默,只低着头吃饭,没人讲话。今天,母亲做的是花生粽和咸粽,花生粽就是用糯米与花生搭配,裹上白糖,清香又爽口,很是好吃。谢婉莹注意到,平常爱吃甜食的祖父,居然连母亲用糯米亲手做的粽子也不吃,只吃了一个咸粽,加几口饭就不吃了。

吃饭的时候,大人们都多多少少喝了一口雄黄酒,小孩子是不让喝的。剩下的酒,都拿来涂在大人们的额头、手足和胸口,小孩子就只在额头和耳

鼻处点一点，最多写个"王"字来逗乐。

点了雄黄酒，母亲带着弟弟们到厨房去，将刚刚晒过的药草收起来煮午时蛋，准备过一会儿一人吃一个。父亲则带着谢婉莹熏黄烟。福州天气湿热，蚊虫容易滋生，人们时常用雄黄做成筒状物，在房前屋后、内壁窗帷边点了雄黄，雄黄弥漫出黄色的烟雾，熏杀躲藏在屋角墙缝的毒蛛恶虫。

谢婉莹第一次接触到端午节里这些有趣的民俗，感到十分新奇，再加上又能帮父母亲做些家务事，她看着三个嬉笑玩闹的弟弟，恍然间有了长大的感觉。

直到帮祖父贴完所有的"午时书"，谢婉莹才兴高采烈地跑开，跟一大帮堂兄弟姐妹们出门去。大家早约好了一起去看赛龙舟，当然，小孩子没有大人带着是不能出远门的，领他们去的是谢葆璋。

这是谢婉莹第二次坐轿子。人在轿子里，她的心思早飞到万寿桥头去，恨不得嗖地一下就到了。一路上，她总是掀开帘子往外看，父亲见她这么心急，不由得笑了，问她："阿哥，你知道福州的赛龙舟跟其他地方有什么不一样吗？"

正东张西望的谢婉莹一听，嘟着嘴应道："爹爹，你都没跟我讲过，我怎么知道有什么不一样？还来问我？"

父亲不由得哈哈大笑起来，自从回到福州，他已经很久没这么开怀大笑了。笑了一会，他饶有兴致地跟女儿说："我来跟你讲吧。我们福州的赛龙舟，又叫龙舟竞渡，跟其他地方凭吊屈原不一样，而是跟'钓白龙'的传说有关。"

有故事听了，谢婉莹立刻安生下来，看着父亲。父亲继续说："传说西汉武帝时，东越王余善不满朝廷统治，想要反叛。为了鼓舞士气，他想了个办法，派人在福州城南江边筑起高台，举行一场'钓白龙'比赛，发动闽越族的群众来参加。

"所谓'钓白龙'，其实就是将一块木头雕成龙的样子，涂上白色，然后放到闽江的一头。在端午这天，余善组织闽越族各部落派人驾驶小船，从闽江另一头出发，开始比赛，看哪一条小船能最终夺得白龙。胜利的部落就会得到很大的一笔奖赏。

"后来，余善的反叛失败了，但是在端午节这天举行'钓白龙'比赛的习俗却保留下来，慢慢就变成今天的龙舟竞渡了。现在的赛龙舟，从五月初一就开始了，只不过到初五下午才会举行竞渡。而且，也不是用木头雕成白龙放到水面上，现在更热闹好看，变成了'夺鸭标'。"

谢婉莹听得云里雾里，问父亲："什么是'夺鸭标'呢？"谢葆璋笑而不答，卖起了关子，说："快到江边了，一会你自己去看。"没想到父亲还有心情卖关子，谢婉莹撇了撇嘴，不满地说："爹爹什么时候这么小气了，还不告诉人家。"

说到这里，父亲突然掀起帘子，望向远方，自言自语地说："也不知道现在这场革命能不能钓得到'白龙'？"谢婉莹又听愣了，问父亲："爹爹，革命怎么了？"

父亲回过神来，笑了笑，却不作答，反问："阿哥，你知道孙中山先生吗？""知道呀，"谢婉莹回答，"常听爹爹和喜舅，还有娘提起过，他是同盟会的大人物，现在是临时大总统呢！"

父亲接着说："是啊，前几天，中山先生——孙总统刚刚来到福州，在桥南公益社那里看望了同盟会的人，听说还题了'独立厅'三字在那。"

谢婉莹听了，拍着手说："那喜舅是不是见过总统啦！我要去问问他，孙总统长什么样？是不是'生得身长七尺五寸，两耳垂肩，双手过膝，目能自顾其耳，面如冠玉，唇若涂脂'……"说到后面的时候，倒有点像是唱的了。

父亲不由得哈哈笑起来，说："你喜舅见没见过孙总统，我不知道。但是我知道孙总统一定不会长得像你说的那样。你说的那个分明是三国的刘备嘛！"谢婉莹被父亲说破了反而有点得意，也笑了起来。正说着呢，轿子停了下来。外面的锣鼓声、欢呼声，一浪一浪地冲击着谢婉莹的耳朵。她早等不及了，立刻冲下轿子。万寿桥边早已是人山人海。

谢葆璋好不容易领着一帮小伙子、小姑娘找到个空位集中起来。谢婉莹朝远处江边望去，看到江的一边停着很多参赛的龙舟。龙舟的头部画着不同的图案，有的是龙头，有的是白蛇，有的是青蛙，有的是鱼虾，反正都是会游水的动物。舟首还插着不同的旗子，上面是龙舟的队名，还有赞助商家的店铺名。她对这个是不关心的，也没有去细看。

在江的另一边，停着一艘小船，船上隐隐约约能看见好多鸭子。谢婉莹心想，这就是所谓的"鸭标"？拿鸭子做标？

他们刚到没多久，龙舟竞渡就开始了。随着一阵响亮的锣鼓声，几乎所有的龙舟都在同一时间像离弦之箭一般飞快地冲出。与此同时，加油声、呐喊声夹杂着震天巨响的鼓点声和密锣声响彻云霄。仔细一听，在这些声浪中，还能清晰地听出整齐划一的划水声，和那富有节奏、甚至是韵律的，来自舵手的发号声……

第一次看到龙舟竞渡的谢婉莹仿佛置身于龙舟上，一边跟着龙舟划手的划水手势来回比画，一边也为看着顺眼的龙舟队加油。

当龙舟抵达终点的时候，她终于看到什么是"夺鸭标"了。原来就是将鸭子作为锦标，龙舟一到终点，标船上的小伙子就把鸭子赶到江面上。这时会从龙舟上跳下许多游泳高手，到江中争夺鸭子。

最后，哪支龙舟队夺得的鸭子最多，哪支就是冠军，被授予锦旗和奖品。

兴奋的谢婉莹从来没有经历过如此热闹的景象，一直到天色将黑，才在父亲的不断催促下，依依不舍地回到家里。

这个端午节实在令她难忘。走在院子里，她还忍不住跟姐妹们畅谈今天看到的比赛场面。直到他们经过后厅，看见祖父一个人对着曾祖父的画像和那副"难道五丝能续命，每逢佳节倍思亲"的对联沉默的时候，大家才止住兴奋的念头，各回各家，各找各妈。

虽然每年的端午节，我们四房的十几个堂兄弟姐妹，总是互相炫示从自己的外婆家送来的红兜肚五色线缠成的小粽子和绣花的小荷包等，但是一看到祖父在这一天却是特别地沉默时，我们便悄悄地躲到后花园里去纵情欢笑。

——冰心《故乡的风采》

17 顽皮原来在灯下

福州城里有了电灯公司，谢家院子里拉起了几十盏电灯，孩子们都欢天喜地的。谢婉莹终究也是个顽皮的孩子，也跟着大家玩耍。转眼，期末到了，为了读书，谢婉莹暂住到外婆家。

令人开心的事接二连三地来了。

这一天，谢婉莹刚刚回到家，二堂姐谢婉榕便跟一只小鹿似的跑过来，抓着她的袖子，兴奋地说："四妹，四妹，有个好消息要告诉你。"

谢婉莹放下书包，连忙问："是什么好消息啊？

二姐。"

谢婉榕笑着逗她:"你猜啊!"一摆手,谢婉莹假装生气,说:"不说就不说,还让我猜啊,我还不想知道呢。一会我问大姐去。"谢婉榕连忙改口说:"好了,好了。我告诉你噢——咱们家要装电灯啦!"

谢婉莹一听,跳了起来,抓着二堂姐的手说:"二姐,是真的吗?"谢婉榕瞪了她一眼,回了一句:"骗你干吗?我听说,电灯公司安装电灯的师傅今天肯定会来。"

"这下好了,晚上我们就有电灯了。"谢婉莹不由得拍手叫道。

无巧不成书,姐妹俩刚刚还在说着话,三堂姐谢婉聪就兴奋地跑过来,还边跑边喊:"二姐,四妹,家里装电灯啦!师傅都到大厅啦!"来不及高兴,几个姐妹都嬉笑着跑向大厅。

大厅里,果然来了几个师傅,背着偌大的工具包,地上摆放着一捆捆电线,还有几个人正在往大厅里面搬着一个个用箱子装的东西,一猜肯定是电灯了。

闻讯赶来的叔伯父和叔伯母们,早已把工人师傅围住,问这问那,更别说后面跟来的其他孩子了。不一会儿工夫,整个大厅都挤满了人。

谢銮恩照例坐在厅堂上。只听他咳嗽了两声,登时,大厅立刻安静了下来。谢銮恩环视大厅,缓

缓说道："你们都先回屋等着，让师傅把大厅的电灯先装好，再一屋一屋过去安装。"

祖父一发话，大人们一个个都走回自己的房间。但是孩子们哪舍得走啊，还是一伙一伙地跟在安装的工人师傅身后，满屋子转。一会看看灯泡，一会看看电线，一会又看看工人师傅的工具包，那个新奇劲儿，甭提多欢脱了。

谢家院子大，房间又多，工人师傅从大厅装起，接着到祖父的屋里去装，还把总电门安在祖父房内。然后，才按顺序一家一家地装上电灯，拉上电线，最后连后花园也都装上了。

几个小伙伴绕着院子数灯泡。不过，经常是数到哪儿自己都忘了，反正不是三十就是四十，不是四十就是五十。其实，他们哪会认真去数啊，都是盼着晚上赶紧到来，好看一看电灯亮起来的样子。

时间说快也快，吃过晚饭，再数几次灯泡，天色就暗了。大家眼巴巴地盯着电灯，左等右等，却一直没有看到灯亮。

谢婉聪耐不住急，嘴里念叨着："都晚上了，怎么灯泡还不亮啊，不会是坏了吧？"大堂姐谢婉珠毕竟年纪稍大点，也已经打听过消息，就跟大家说："这个电灯自己是不会亮的，要依公拉上电灯的总电门才可以的。"

一群小伙伴实在等不及了，就推举祖父最喜欢的四妹去打探消息。肩负重任的谢婉莹于是跑到祖父房里，眼睛盯着祖父的一举一动。

谢銮恩当然知道这些孩子的心思。看看天色差不多了，院子里所有屋子都没点煤油灯，估计都等着他这个"一家之主"来实现光明。谢銮恩捻着山羊胡子，几步踱到总电门那一拉——刹那间，整个院子亮堂起来，灯火辉煌，地板上都泛着金光，孩子们的欢呼声此起彼伏，其间还夹杂着几声大人们的惊叹！

天啊！谢婉莹忍不住也惊呼起来，喊着："天亮啦，天亮啦！"她转身刚要跑出门去，这又想起还在祖父的房间里，连忙跟祖父行了个礼，说："依公，我出去玩啦！"祖父点头微笑，疼爱地说："去吧，小心点跑。"

谢婉莹应了一声，飞也似的跑出房门。大厅里的电灯是最亮的，孩子们早就在那里集合了，一个个拍着手欢呼。几个胆大的一个劲儿望向发亮的灯泡，没一会工夫，就大叫眼睛难受，自此没人敢看灯泡了。大人们呢，也在院子里走来走去，看看大厅，看看厨房，看看走廊，好像要找出什么地方是电灯照不到的。

过了一会，祖父走到大厅，看着一屋子欢呼的大人小孩，忽然咳嗽了一声。大家立刻安静下来，知道祖父要说话了。果然，祖父缓缓地，像是要宣

布什么似的，说道："电灯开到九点，九点以后我就关灯，大家都早点睡觉。"说完，也不理大厅里愕然的人们，转身走了。孩子们一个个"啊"的一声，着实是失望啊，怎么这么早就要关灯！但是，没有办法啊，谁让谢銮恩是"一家之主"呢？

　　欢乐的时间过得很快，不知不觉已经到九点了。孩子们还在大厅里玩闹，突然间电灯都灭了，一片黑沉沉的。谢婉莹跟大家一样唉声叹气的，眼前一片漆黑，伸手不见五指。一个叫着"哎呀，好痛"，一个喊着"你撞到我了"，原来大家还不适应一下子看不到光的感觉，都颠来撞去的。过了好一会儿，大家才慢慢能看清地板，看清回房间的路。谢婉莹和弟弟们极其不舍地回了屋，母亲已经点上了煤油灯。她不禁感慨，有了电，真方便；有了灯，才有多姿多彩的夜晚生活啊。

　　第二天晚上，院子里的大人小孩都有了经验。为了防备九点以后那骤然的黑暗，九点以前，大人们就在各自的屋里点上一盏捻得很暗的煤油灯。到了九点，电闸关了，电灯灭了，大家就把煤油灯又都捻亮。大人们接着在煤油灯下攀谈叙旧，孩子们呢，也继续玩闹嬉戏。当然了，比起刚才的灯火通明，现在显得灰暗许多。

　　过了端午，福州的天气着实闷热。小辈们在灯下玩闹许久也都困乏了，一个个回屋睡觉。谢婉莹回到屋里，正好看到父亲拿着一封信，在煤油灯下细细读着。

谢葆璋见女儿回来，放下手中的信，跟她说："阿哥，我过几天要离开福州一段时间。这一趟出去可能要几个月，你娘带着你们几个，怕忙不过来。我跟她商量了一下，打算让你去外婆家住段时间。正好这几天功课快结束了，你也可以好好读书。"

母亲接着说："阿哥，你爹这趟出去，是有重要的事情要做。你最近功课比较紧，又快到大考了，该收收心，好好准备准备。况且外婆家离学校近，你上学也方便。你叔祖母说让你过去住几天，也让你喜舅好好教教你。"

母亲话说一半，停了停，又拉着谢婉莹的手轻声说："另外，得好好看着你喜舅，要找些功课让他教，不要让他晚上跑出去。你要是拦不住，就赶紧回来告诉我。"

谢婉莹这才知道，原来让她去外婆家，还有这么一个任务啊。虽然她不明白这是为什么，但也懂得这很重要，忙答应下来。

几天以后，谢葆璋打点行装，离开了福州。谢婉莹也到外婆家住下了。她牢牢记住母亲的嘱咐，每天夜里跑到小舅舅杨子玉那里，请教他功课。果然，常有一些穿着军服或者不穿军服的人来找杨子玉，说着一些"革命"啊、"都督"啊、"抗议"啊

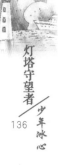

等等她听不懂的话。有几回，他们还唱了几段挺好听的闽剧评话，唱完以后都在那笑骂一番。

听了几次，谢婉莹忍不住问杨子玉："喜舅，你刚才唱的是什么呀？真好听。"

杨子玉说："那是用闽剧'耿间祭'的调子改编的歌子啊。说的是咱们这将来要做都督的彭寿松欺名盗世，搞的动作跟前朝没什么两样，都是换汤不换药。对了，这歌子还是你爹爹做的词呢！"

谢婉莹一听，也不再问了，又拿功课来问杨子玉。

到期末考试，谢婉莹有小舅舅开的"小灶"，果然应付自如，又拿了第一名回来。小舅舅也似乎明白了谢葆璋夫妇的用心，一直待在杨家。

一到九点，电灯一下子都灭了，这几盏煤油灯便都捻亮了，大家相视而笑，又都在灯下谈笑玩耍。只有在这个时候，我才体会到我们这个大家庭是一个整体，而祖父是一家之主！

——冰心《祖父和灯火管制》

18 为善最乐读书佳

　　祖父生病了，但是看到谢婉莹又考了第一名，他很高兴。亲手写了一副座右铭"为善最乐，读书便佳"送给刻苦学习的孙女，并勉励她要做好事、勤读书，做一个对社会有贡献的人。

　　这天，学校放了假，谢婉莹领了考卷回来，刚刚走进外婆家，便看到吴嫂过来找她。吴嫂以前做过谢婉莹的奶娘，小时候常常带她，现在被祖父请到家里帮忙打点家事。

　　吴嫂一来，就跟谢婉莹说："莹官，你依公让你

回去吃龙眼。他留给你那一串龙眼，挂在电灯下面，你再不回去，就都烂了。"吴嫂和祖父一样，是仅有几个叫她"莹官"的人。

谢婉莹一听说有龙眼吃，就欢天喜地地跟着吴嫂跑回谢家院子。她跟祖父一样，都爱吃甜食，但是祖父说荔枝吃了会上火，不让她吃，只肯让她吃龙眼。所以，祖父有龙眼吃的时候，总是会留一串最甜的龙眼给最疼爱的孙女。

回到院子，祖父房间的电灯下面果然挂着一串龙眼。其实是祖父几天不见孙女，想她了，找了个理由让她回来。

但是，谢婉莹没想到祖父生病了。

祖父平时身体极好，但有时会头痛，头痛起来就静静地躺着。这时全家人都尽量保持安静，连天天跟着祖父的黄狗"金狮"都被关到后花园里。

谢婉莹来到祖父房前，刚要进去拿龙眼吃，就被母亲拦住了。母亲拉着她到厨房打下手，一起给祖父下了一碗挂面，做好后又放到厨房桌子上。

这时，四叔母进来，对谢婉莹说："四妹，你依公说头痛好些了，想吃点东西，让我端些吃的东西过去。你也跟我过来，依公问你考试考得怎样，想看看你。"

母亲连忙说："阿哥，你赶紧去吧。书包是不是也背回来了？也带过去，让你依公看看功课。"

谢婉莹答应着，就跟四叔母一起走进祖父房间。四叔母将那碗挂面放在祖父床前的小桌上，旁边还放着一小碟"苏苏"薰鸭。谢婉莹知道这"苏苏"其实是人名，同时也是福州鼓楼一间很有名的薰鸭店名，据说卖得可不便宜，因为家里平时很少买。

祖父已经从床上起了身，坐在床沿，看到孙女进来，嘴角不由得微微翘起，轻声地说："莹官，你回来啦。"谢婉莹忙走过去，扶着祖父，回答道："依公啊，我回来了。吴嫂说您给我留了一串龙眼，嘴馋了，回来吃。您是不是头痛了？我帮您揉揉好不好？"

祖父伸手一挥，说："不用了，好点了。"谢婉莹又说："要不，我喂您吃点挂面吧。这可是我跟娘亲一起做的呢！""先不吃，还是莹官懂事。"祖父终于笑了下，接着说，"你这个学期，考试考得怎样？卷子拿来了没有？"

谢婉莹应道："回依公，我又考了第一名，卷子就带着呢。"说着，她掏出书包里的卷子，拿给祖父看。

听说孙女又拿了第一名，谢銮恩的笑容更浓了，伸手接过卷子细细地看着，边看边点头说："别看莹官是个女孩子，将来一定是有大出息的！"看着卷子，祖父的脸上慢慢透出惊喜来，他问孙女，"莹官，你读过韩愈的《送孟东野序》吗？"谢婉莹略微

想了想，应道："没有读过啊。"祖父接着说："那这一句'鸡唱晓'，你居然能对出'鸟鸣春'？"

谢婉莹恍然大悟，忙不好意思地解释说："没有啦，我是在一个香烟盒的广告上看到'以鸟鸣春，以雷鸣夏，以虫鸣秋，以风鸣冬'这四句话，觉得很好，就记下来了。看到卷子出'鸡唱晓'，我就随手写了'鸟鸣春'。"

祖父听了，笑出声来，清了清嗓子，又说："一样，一样，活学活用，可塑之材。"他深吸口气，缓了缓，继续说道，"下一句更好！'榴花照眼红'，你对'柳絮笼衣白'，很好，很好。'榴花照眼红'，描写了石榴花开的景象，还只是静物。而你对的'柳絮笼衣白'，除了柳絮飘扬的景象外，还出现了人物。对得好，对得好啊！"

"您别夸我了，"谢婉莹虽然嘴巴这么说，心底却乐开了花，"再夸，我就骄傲了呀。"

祖父放下卷子，站起身来，慢慢地走到书桌前，跟孙女说："来，莹官，帮我研墨。我要写副字。"

一旁的四叔母见了，赶紧劝祖父说："您的头痛病刚刚犯，还是歇一歇吧。"谢銮恩摆一摆手，说："我没事，不用歇了。"说完，抬眼看了一下她，摇着头，叹了口气，不再说话了。

这边，谢婉莹不一会就把墨研好，顺便把宣纸铺平摊在书桌的字垫上。谢銮恩提起笔来，不假思

索地挥毫写下"为善最乐，读书便佳"八个字。

写完，他对谢婉莹说："莹官，我是谢家第一个读书的人。你呢，是谢家第一个读书的女孩子。我送一副字给你。"他一边说着，一边展开写着那八个字的宣纸，说道，"莹官，这几个字是依公送给你的座右铭。它的意思是，做好事是最快乐的事情；如果能读书，肯读书，就更好了。依公希望你将来多读书，多做善事。"

祖父是真的把孙女看作谢家的传人！

　　我记得在我十一岁那年，我的祖父给我写了八个字的座右铭，这八个字是：为善最乐，读书便佳。"为善"就是做好事，意思说做好事是最快乐的事情，人活着就为的是要别人生活得更美好，别人生活得美好了、快乐了，自己也会更加快乐。

——冰心《"六一"节寄小读者》

中秋前夕话别离

中秋前三天，谢婉莹第一次在福州过生日。此时，父亲接到消息，准备重新披上军装，带兵打仗，上阵杀敌。父母亲谈起当兵入伍、保家卫国的事情，令谢婉莹陷入沉思。

快乐的暑假在孩子们的嬉戏玩闹中很快结束了，谢婉莹也搬回谢家院子住。第二学期开学后不久，谢葆璋风尘仆仆地回来了，因为中秋节快到了，女儿谢婉莹的生日也临近了。

谢婉莹出生于 1900 年 10 月 5 日，农历八月十

二日，中秋节前三天，正好是丹桂飘香、家人团聚的日子。一家人帮她热热闹闹地过了生日。

夜里，弟弟们都睡着了，谢婉莹帮母亲收拾完衣服，又到父亲的书橱里翻出他珍藏的书信诗词，细细地看。这些是父亲珍藏的与朋友往来的书信，里面常有诗词唱和，所以父亲从不禁止她翻看。

此时，家里的电灯早已关了，煤油灯显得有些昏暗。谢婉莹翻看着书信，这时谢葆璋走了进来。

他看到女儿还没睡，说："阿哥怎么还没睡？"谢婉莹正对着父亲的书信出神，没听仔细，一时没有答应。父亲又喊了一声"阿哥"，她才反应过来，问起父亲来："爹爹，我看这信里有几句话'秋分白露，佳话十年，会心不远，当笑存之'。这里的'佳话十年'，是什么佳话呀？"

父母亲一听，相视而笑，父亲说："这封信是你张心如伯伯写的。以前，我们两人在同一艘兵舰上服役。你是知道的，海上的生活寂寞而单调。所以每次有人接到家信，大家就都抢着看。那时的军官家属，会亲笔写信的不多，你母亲的信就特别地抢手，每回来信都被大家翻看好几次。"

说到这，父亲略微停顿一下，才继续说："有一次，你母亲来信，说到天气的时候，写了这么一句'白露秋分夜，一夜冷一夜'。嗯，写得多好啊！"说着，父亲偷眼看了母亲一眼，两个人对视着，心领神会皆付诸一笑。

父亲接着说道："你心如伯伯就跟我说，你母亲这是想我了，写的分明是'鸳鸯瓦冷霜华重，翡翠衾寒谁与共'的意思。后来他就时常拿'秋分白露'来说笑。算来，也快十年了。"母亲听到这里，不由得脸上一红，嗔怪道："你怎么跟阿哥说这些？"

父亲不以为意，说："这有什么，你我二人本来就应该'夫妻同心，其利断金'。相互关心、相互体贴才是人之常情。更何况当时局势动荡，家国危难，我身为一名军人，随时需要冲锋陷阵，战死沙场而不足惜，你在家里思念我，担忧我的安危，再正常不过了。"谢婉莹听了，立刻明白了。她望向父亲，心底既骄傲又羡慕。母亲听了，也大为感动，不由得望向丈夫，眼里似乎还噙着泪水。

父亲转向母亲，继续说道："我们男人在前方保家卫国，视死如归，为的不也是后方的亲人和家园吗？你们在后方的思念，正是我们在前方浴血奋战的动力。每当想起后方的家乡有我们亲爱的妻子、孩子等亲人的时候，我们哪一个士兵不是拼尽全力、全无保留？家人的来信，不是简简单单的一张纸、几行字，而是燃烧我们抗敌热情的火药，是沉甸甸地射向敌人的炮弹，是我们在海上最为宝贵的精神财富啊！

"所以，你们在家乡的安危对我们来说是头等重

要的事，我们离开妻子儿女，舍弃故乡小家，为的是民族国家。我们上阵杀敌，战斗流血，为的是更多人不必流泪。你能明白的，是吗？"父亲这最后一句话，是对着母亲郑重地说的。

母亲哪能不明白父亲的话呢？她含着泪，点着头，说："我能明白，我当然明白。"

女儿听着听着，越来越糊涂了，这个时候忍不住发问："娘，您明白什么呀？我怎么听不明白？"

母亲摸着女儿的头发，强笑着说："阿哥，你父亲又要带兵打仗了。"

谢婉莹这下子才明白过来，原来已经辞了职的父亲要被起用了。但是，她有点不理解的是，母亲为什么看着有点伤心？她问："母亲，父亲以前不是也带兵打仗吗？您现在为什么哭了？"

谢葆璋看了一眼妻子，轻叹了一口气，拉过女儿的手说："阿哥，我来跟你讲讲，我是怎么当兵的。"谢婉莹之前只是零零星星听过一些关于父亲当兵的事情，现在可以听父亲亲口说起，她赶紧竖着耳朵，认真听父亲说："我十七岁那年，你祖父的好朋友严复先生，回福州招海军学生。他到家里看见我，认为我可以'投笔从戎'，当场出了一道诗题，叫我作答。诗题我还记得，就是'月到中秋分外明'。当时，你祖父觉得一个教书匠的家庭，能有一个孩子去当兵领饷，也是一件好事，就同意了。后来，我穿了一件用伯父们的两件长衫和半斤棉花缝成的棉袍，就跟着严先生到了天津紫竹林的水师学堂，入了驾驶班，当了一名兵舰的驾驶员。

"驾驶班毕业以后，我就到舰上就职，跟着船舰到过好几个国家，像英国、日本都去过。那时堂堂的一个中国，竟连一首国歌都没有！我们到英国去接收中国购买的军舰，要举行接收典礼仪式时，他们竟奏了一首《妈妈好糊涂》的民歌调子作为中国的国歌，你看！可气不可气！"父亲说着话，手不禁握成拳头，继续说："甲午年，日本无故发动海战。我当时在'威远'舰上任枪炮二副，参加了那场战斗。那场战斗异常惨烈，我之前也跟你讲过一些。后来，船舰在威海卫被击沉了，我逃过一劫，泅到刘公岛，从那里回到福州。"

母亲听到这里，忍不住接口说："那年海战，海军里面很多是福州的乡亲，阵亡的也不少。因此我们住的这条街上，今天是这家糊上了白纸的门联，明天又是那家糊上白纸的门联。我呢，老害怕这副白纸门联，总有一天糊到我们家的门上。我早早买了一盒鸦片烟膏，藏在身上，打算一旦得到你父亲阵亡的消息，就当场服毒自尽。你依公当时看见我的样子很担心，让你两个堂姐日夜守在我身边，就怕我万一想不开。"谢婉莹听得心惊肉跳，虽然早已知道后面的结果并非如此，但也焦虑地问道："后来

呢？父亲回来了吗？"

母亲被她逗乐了，居然破涕为笑，说："傻孩子，当然回来了。要不然哪来的你呀？当时家里有人到庙里去替我求签，签语是：'筵已散，堂中寂寞恐难堪，若要重欢，除是一轮月上。'也是巧了，过了些日子，果然在一个明月当空的夜晚，我听到有人敲门，开门时，月光下看见了辗转归来的你父亲！那时，我看着你父亲的脸，瘦得分明只有两个指头那么宽！"说着，母亲伸出两个指头，比画着。

说到这里，父亲接过母亲的话头，继续说："在福州，与你母亲团聚几个月后，萨统领一个电报把我召去，一起办起了烟台海军学堂，一直到现在。后面这几年，我都是在办学校，没有上前线带兵打仗。但是，这次可能会召我回去带兵。当然，这个也说不定，现在民国刚刚成立，局势还算平稳，需不需要我带兵打仗还未可知。你们不必过于担心。"

谢婉莹听完，还沉浸在父亲的描述中，躺到床上的时候，还是辗转反侧无法入眠。她本身就是一个早熟的少年，如今听到父母亲的这些谈话，更加让她思绪万千。她想起烟台那高大伟岸的船舰和厚重庞大的炮台，想起自己打小时便立下的带兵打仗当大将军的梦想，想起母亲刚才看着父亲时那坚毅果敢的目光……她真正开始思考自己以后的理想，思考自己以后该走怎样的路，做怎样的事，当怎样的人！带着思考，谢婉莹终于渐渐睡去。

谢婉莹农历生日过后的三天，便是中秋。这个中秋对她而言，又多了几分感触。她偶尔回忆起在烟台的夜晚，喝冷饮、汽水，回忆起烟台那片广袤无垠的大海，更多地却是将目光放在父母亲相敬如宾的片段里，隐隐地觉察到父亲肩上的重担和母亲宽厚的胸怀。中秋夜里，她问自己："这是长大了吗？这就是长大的感觉吗？"

她取出许久没有动笔的写字本，想着想着，写下了几句"为赋新词强说愁"的话：

正是"花好，月圆，人寿"，
何来惆怅？
便是将来离别，
　今夕何夕，
　　也须暂忘！①

我一生九十年来有多少风和日丽，又有多少狂飙暴雨，终于过到了很倦乏、很平静的老年，但我的一颗爱祖国、爱人民的心永远是坚如金石的。

——冰心《世纪印象》

① 选自冰心《中秋前三日》。

"翰林"还是"灯塔守"

> 　　谢婉莹在福州度过一年多的光景。远方的一纸电报将父亲召回北京任职，谢婉莹要前往北京定居了。临行前，祖父希望她好好读书，将来做"翰林"。去往北京的轮船行驶在闽江上，谢婉莹对母亲说出了自己的愿望是做"灯塔守"，成为"光明的使者"。

　　如流水般的时光悄然无息地走过，谢婉莹一家不知不觉中已经在福州生活了一年，过了两个春节。她也在福州女子师范学校就读了三个学期。学校里所有的老师，包括刚刚从日本来的教体操的石井老师，都很喜欢这个聪明勤奋而又乖巧礼貌的女学生。她呢，也喜欢上了学校的老师和同学，习惯了学校的环境以及在福州的生活。

但是，就在1913年春天，民国海军部的一纸电报将父亲谢葆璋召到北京任职。初秋，在父母亲的慎重考虑下，母亲决定带着姐弟四人，在舅舅的护送下，离开福州，顺着当时回福州的那条水路北上。

临行前，谢婉莹去向祖父辞行。

在祖父的书房里，祖父对她说："莹官，你就要去北京了。到了那，一定要记得你是我们谢家第一位读书的女孩子，要好好读书，多做善事。"

谢婉莹跟祖父很亲，这回离开最舍不得的就是祖父了。她看着祖父沧桑的脸庞，眼泪止不住就流了下来，说："依公，依公，您也跟我们去北京吧。我、我好舍不得您。"

祖父疼爱地摸了摸孙女的头，笑着说："我的莹官，别说傻话了。依公的根在长乐，脉在福州，现在年纪大了，哪儿也不想去了。"见谢婉莹还是一直哭，止也止不住，他便岔了个话题，问孙女，"来，依公检查检查你的功课。说一说，除了功课以外，你都读过多少书了？"

谢婉莹深吸一口气，稍微停顿一下，说道："回依公，我已经读过《三国演义》《水浒传》《聊斋志异》《东周列国志》《西游记》《天雨花》《再生缘》

《儿女英雄传》《说岳》《凤双飞》《封神演义》《红楼梦》了。这些是数得上书名的，还有好些记不得书名的。对了，全部的'说部丛书'，我都看完了。"

谢銮恩一听，怔了一下，看着孙女，有点不可思议的样子。

全部的"说部丛书"，是个什么概念呢？这是商务印书馆从20世纪初开始陆续出版的一套大型丛书。清末百日维新之后，西方的思想、文化与文学开始引进到中国，开始是政治科技，之后是文学作品。"说部丛书"主要出版西方的文学名著，其中又以林纾用文言文翻译的小说为最。"说部丛书"的编辑从1903年开始到1924年结束，前后长达22年。而商务印书馆的"说部丛书"同时分为两种出版。第一种是十集本：第一集2种，第二至十集各为10种，总计92种。第二种是四集本：初集、二集、三集各100种，四集22种，总计322种；其中，初集100种完成于光绪末年（1908），以后的三集均为民国时期出版。可以说，谢婉莹至少读过上百部的西方文学名著！

这怎能不让谢銮恩吃惊呢？

他不由得捻须微笑，说："想当年，你刚出生的第三天，我按着习俗，拿着你的生辰八字去找算命先生。那先生掐指一算，说：'这个女娃八字带着文昌星，可惜是个女孩子，否则准做翰林。'他又说你五行缺火，你二伯父就给你取了个'莹'字①。现在想来，还真是不枉我当年给那算命先生三个大洋啊。"说完，他开心得哈哈大笑起来。

谢婉莹此前知道自己的名字是二伯父取的，现在才听祖父说她居然是"带着文昌星"，也不禁破涕为笑，说："人家算命先生不是说了嘛，说可惜是个女孩子。"

谢銮恩摆摆手，正色道："女孩子怎么了！女孩子就不能做翰林？不要说现在是民国了，古代不也有穆桂英挂帅、武则天称帝吗？我的莹官说不定以后真是正正经经的翰林！"

没想到祖父这么看重她，谢婉莹一时也怔住了。看起来祖父实在很开心，他又说："莹官，你看看，祖父这里你喜欢什么，尽管说出来，就当祖父送你的礼物。"

谢婉莹环视着书房，一眼看到墙上那几副大大的扇面，心思一动，脱口而出："依公，我想要您亲手写的《道南祠花圃题咏》。"

听到孙女要的是这件礼物，谢銮恩更加高兴了，大笑着马上取下扇面，一边圈起收好装到字筒里去，一边说："莹官，祖父真的想看到你做翰林的那一天啊！就是不知道上天能否眷顾我？"

---

① '莹'旧作'瑩'，上面有两个'火'字。

谢婉莹收了这副字筒，忙说："依公，您一定长命百岁！"

别了祖父、长辈和谢家的兄弟姐妹们，谢婉莹一家跟着舅舅来到大桥头，坐上了小船，再到闽江口，换到轮船上，一路往北。

站着甲板上，望着慢慢远去的福州，望着船下碧绿的闽江水，谢婉莹的耳畔传来弟弟们嬉闹的声音。她油然想起一年多前，也是坐着船，来到福州的情形。

不同的是，父亲已经在北京等着他们，弟弟们都长高了许多，么弟也不需要人抱着了——他们都长大了。

是的，长大了，谢婉莹自己呢？也长大了吗？

不知什么时候，母亲来到她的身边，扶着她的肩膀，问："阿哥，看什么呢？"

谢婉莹"嗯"了一声，无从作答，抬眼望去，却看到罗星塔上隐隐约约闪着灯光——那是守护灯塔的人长年累月点着灯，照亮灯塔，让远航的人能够找到回家的路，能够一直朝着回家的方向。

她下意识地说："娘，我在看罗星塔，看灯塔守。"

母亲顺着她的目光，也望向了罗星塔，说："是啊，你是该看看我们福州的罗星塔，记住它也就记住福州了。"

谢婉莹点了点头，说："是的，娘。这是我们的福州，也不只是我们的福州。爹爹说过，远航的人只要能看到灯塔的灯亮着，不管走多远，都能找到回家的路。"

听着女儿的话，母亲有些惊讶，回过头看着她。阳光照在女儿稚嫩的脸上，仿佛泛起了点点微光。

谢婉莹继续说道："娘，我想做灯塔守。"

母亲忍不住问道："阿哥，你不想做大将军，带兵打仗了吗？"

谢婉莹像是思考了一番，说："做大将军带兵打仗，是我儿时的梦想。但是，我知道，我是个女孩子，只会写些文字，做些诗句。上阵打仗不是我所长。"

她又重新注视着渐渐远去的罗星塔，继续说道："灯塔守的别名，便是'光明的使者'。他们远离家乡和亲人，还有世上繁华的生活，来整年整月地对着渺茫无际的海天——为的是指引无数离家远航的人找到回家的路。他们的作用不比父亲这种带兵打仗的将军差！一样是牺牲，上阵杀敌牺牲的是身体，灯塔守牺牲的是团聚，但他们收获的一样也是慰安，是奉献，是伟大。"

谢婉莹看着母亲，郑重地说："娘，我想做这样的人，就像父亲为了亲人和家园，可以上阵杀敌视死如归；就像母亲您为了支持父亲，可以忍辱负重，默默担起家里的重担。我长大了，我想像你们一样，燃烧生命，付出自己，照亮人生！"

母亲听罢，抿了抿嘴，眼里居然噙着泪，搂过女儿说："我爱你，我的女儿！不因为你是想做大将军，还是灯塔守，只因为你是我的女儿，你父亲的女儿。"

"呜，呜，呜"伴随着清亮的汽笛声，轮船在闽江上缓缓航行，少年冰心的生命之旅才刚刚驶出！

灯塔守的别名，便是'光明的使者'。他抛离田地，牺牲家人骨肉的团聚，一切种种世上耳目纷华的娱乐，来整年整月的对着渺茫无际的海天。除却海上的飞鸥片帆，天上的云涌风起，不能有新的接触。除了骀荡的海风，和岛上崖旁转青的小草，他不知春至。他抛却'乐群'，只知'敬业'……

——冰心《往事（二）》

图书在版编目（CIP）数据

灯塔守望者：少年冰心 / 邱伟坛著. —厦门：
鹭江出版社，2019.5
ISBN 978-7-5459-1603-4

Ⅰ.①灯… Ⅱ.①邱… Ⅲ.①冰心(1900－1999)—
传记 Ⅳ.①K825.6

中国版本图书馆 CIP 数据核字(2019)第 090374 号

DENGTA SHOUWANGZHE

灯塔守望者
——少年冰心

邱伟坛　著

出　　版：鹭江出版社
地　　址：厦门市湖明路 22 号　　　　邮政编码：361004
发　　行：福建新华发行（集团）有限责任公司
印　　刷：福州德安彩色印刷有限公司
地　　址：福州金山工业区　　　　联系电话：0591－28059365
　　　　　浦上园 B 区 42 栋
开　　本：700mm×1000mm　1/16
印　　张：11
字　　数：93 千字
版　　次：2019 年 5 月第 1 版　　　2019 年 5 月第 1 次印刷
书　　号：ISBN 978-7-5459-1603-4
定　　价：25.00 元

如发现印装质量问题，请寄承印厂调换。